Versuch Schweizerischer Gedichte

Albrecht von Haller: Versuch Schweizerischer Gedichte

Berliner Ausgabe, 2013
Vollständiger, durchgesehener Neusatz mit einer Biographie des Autors
bearbeitet und eingerichtet von Michael Holzinger

Albrecht von Hallers »Versuch Schweizerischer Gedichte« erschien
erstmals 1732 in Bern und umfaßte zunächst nur neun Gedichte. Die
schnell Berühmtheit erlangende Sammlung wurde von Haller in den
folgenden Jahren immer wieder erweitert. – Der Text folgt der »Eilften
vermehrten und verbesserten Auflage«, Bern (Typographische
Gesellschaft) 1777, die als Ausgabe letzter Hand anzusehen ist.

Textgrundlage ist die Ausgabe:
Albrecht von Haller: Gedichte, Herausgegeben und eingel. von Ludwig
Hirzel, Frauenfeld: Verlag von J. Huber, 1882.

Herausgeber der Reihe: Michael Holzinger
Reihengestaltung: Viktor Harvion
Umschlaggestaltung unter Verwendung des Bildes:
Gemälde von Johann Rudolf Huber,1736

Gesetzt aus Minion Pro, 10 pt

ISBN 978-1482557299

Inhalt

1.

Morgen-Gedanken

Den 25. Merz 1725.

Dieses kleine Gedicht ist das älteste unter denen, die ich der Erhaltung noch einigermaßen würdig gefunden habe. Es ist auch die Frucht einer einzigen Stunde und deswegen auch so unvollkommen, daß ich ein billiges bedenken getragen habe, es beizubehalten. Die Kenner werden deswegen und in Betracht des unreifen Alters des Verfassers es mit schonenden Augen ansehen.

Der Mond verbirget sich, der Nebel grauer Schleier
Deckt Luft und Erde nicht mehr zu;
Der Sterne Glanz erblasst, der Sonne reges Feuer
Stört alle Wesen aus der Ruh.

Der Himmel färbet sich mit Purpur und Saphiren,
Die frühe Morgen-Röthe lacht;[1]
Und vor der Rosen Glanz, die ihre Stirne zieren,
Entflieht das bleiche Heer der Nacht.

Durchs rothe Morgen-Thor der heitern Sternen-Bühne
Naht das verklärte Licht der Welt;
Die falben Wolken glühn von blitzendem Rubine,
Und brennend Gold bedeckt das Feld.

Die Rosen öffnen sich und spiegeln an der Sonne
Des kühlen Morgens Perlen-Thau;
Der Lilgen Ambra-Dampf belebt zu unsrer Wonne
Der zarten Blätter Atlas-grau.

Der wache Feld-Mann eilt mit singen in die Felder
Und treibt vergnügt den schweren Pflug;
Der Vögel rege Schaar erfüllet Luft und Wälder
Mit ihrer Stimm und frühem Flug.

O Schöpfer! was ich seh, sind deiner Allmacht Werke!
Du bist die Seele der Natur;
Der Sterne Lauf und Licht, der Sonne Glanz und Stärke
Sind deiner Hand Geschöpf und Spur.

1   Der sechszehn und ein halbes Jahr noch nicht erreicht hatte.

4

Du steckst die Fackel an, die in dem Mond uns leuchtet,
Du giebst den Winden Flügel zu;
Du leihst der Nacht den Thau, womit sie uns befeuchtet,
Du theilst der Sterne Lauf und Ruh.

Du hast der Berge Stoff aus Thon und Staub gedrehet,
Der Schachten Erzt aus Sand geschmelzt;
Du hast das Firmament an seinen Ort erhöhet,
Der Wolken Kleid darum gewelzt.

Den Fisch, der Ströme bläst und mit dem Schwanze stürmet,
Hast du mit Adern ausgehölt;
Du hast den Elephant aus Erden aufgethürmet
Und seinen Knochen-Berg beseelt.

Des weiten Himmel-Raums saphirene Gewölber,
Gegründet auf den leeren Ort,
Der Gottheit große Stadt, begränzt nur durch sich selber,
Hob aus dem nichts dein einzig Wort.

Doch, dreimal großer Gott! es sind erschaffne Seelen
Für deine Thaten viel zu klein;
Sie sind unendlich groß, und wer sie will erzählen,
Muß, gleich wie du, ohn Ende sein!

O Unbegreiflicher! ich bleib in meinen Schranken,
Du, Sonne, blendst mein schwaches Licht;
Und wem der Himmel selbst sein Wesen hat zu danken,
Braucht eines Wurmes Lobspruch nicht.

2.

Sehnsucht nach dem Vaterlande

1726.

Ich werde eine gleiche Schonung für dieses kleine Stücke suchen
müssen, das in einer schwermüthigen Stunde auf meinen Reisen ent-
standen und vielleicht deswegen erhalten worden ist, weil es die Rüh-
rung des Herzens einigermaßen vorstellt.

Beliebter Wald! beliebter Kranz von Büschen,
Der Hasels Höh mit grünem Schatten schwärzt,[1]

---

1   Landgut unweit Bern.

Wann werd ich mich in deinem Schooß erfrischen,
Wo Philomel auf schwanken Zweigen scherzt?
Wann werd ich mich auf jenen Hügel legen,
Dem die Natur das Moos zum Teppich schenkt,
Wo alles ruht, wo Blätter nur sich regen,
Und jener Bach, der öde Wiesen tränkt?

Ach, Himmel! laß mich doch die Thäler grüßen,
Wo ich den Lenz des Lebens zugebracht,
Und in dem Wald bei kleinen Wassergüssen
Auf einen Reim für Silvien gedacht,
Wo schwaches Laub, belebt vom Westen-Winde,
Die matte Seel in sanfte Wehmuth bringt,
Und in dem Frost noch nie bestrahlter Gründe
Kein Leid mehr bleibt, das nicht die Stille zwingt.

Hier muß ich mich mit stätem Kummer schlagen,
Die Ruh ist mir ein unbekanntes Gut;
Mein Geist versinkt in immer neuen Plagen,
Ich weiß noch nicht, wie Ruh und Freude thut.
Entfernt vom Land, wo ich begann zu leben,
Von Eltern bloß, und fremd für jedermann,
Dem blinden Rath der Jugend übergeben,
Gefährlich frei, eh ich mich führen kann.

Bald schleicht ein Weh durch meine matten Glieder,
Das selbst den Trieb nach Ruhm und Wahrheit dämpft;
Bald fällt der Bau der schwachen Hoffnung nieder,
Die athemlos mit Gram und Ohnmacht kämpft;
Bald bricht die Flut den Schutt von mürben Dämmen,[2]
Womit der Tod an unsre Wälle schwimmt;
Bald will uns Mars mit Flammen überschwemmen,
Davon der Tacht schon in der Asche glimmt.

Doch nur getrost, es kann nicht immer währen!
Des Wetters Macht nimmt ab bei jedem Streich.
Vergangnes Leid muß Wohlsein fühlen lehren,
Wer nie gedarbt, ist ohne Freude reich.
Ja, ja, die Zeit trägt auf geschwinden Flügeln
Mein Unglück weg und meine Ruh heran;
Beliebte Luft auf väterlichen Hügeln,
Wer weiß, ob ich dich einst nicht schöpfen kann!

2 Da eben in Holland eine große Ueberschwemmung war und die Zeitläufe
   für sehr gefährlich angesehen wurden.

Ach, daß ich dich schon itzt besuchen könnte,
Beliebter Wald und angenehmes Feld!
Ach, daß das Glück die stille Lust mir gönnte,
Die sich bei euch in öder Ruh erhält!
Doch endlich kömmt, und kömmt vielleicht geschwinde,
Auf Sturm die Sonn und nach den Sorgen Ruh.
Ihr aber grünt indessen, holde Gründe,
Bis ich zu euch die letzte Reise thu!

3.

Ueber die Ehre.

Als Herr D. Giller den Doctorhut annahm.

1728.

Die Freundschaft dieses liebreichen, ehrlichen und längst in die Ewigkeit versetzten Mannes machte einen großen Theil meiner Glückseligkeit in Leyden aus. Sie allein konnte meinen Widerwillen wider alles gratulieren bezwingen, und ich verließ meinen Vorsatz, niemals dergleichen Gelegenheits-Gedichte zu schreiben, um desto unbereuter, weil die reinste Liebe allein mich davon frei sprach.

Geschätztes nichts der eitlen Ehre!
Dir baut das Alterthum Altäre;
Du bist noch heut der Gott der Welt.
Bezaubrend Unding, Kost der Ohren,
Des Wahnes Tochter, Wunsch der Thoren,
Was hast du dann, das uns gefällt?

Du hast die Bürger güldner Zeiten
Gelehrt, ihr eigen Weh bereiten,
Des Blutes stolzes Recht erdacht;
Du hast, aus unterirdschen Grüften,
Die tolle Zier an unsern Hüften,
Das Schwert, zuerst an Tag gebracht.

Du lehrtest nach dem Rang der Fürsten
Der Menschen eitle Sinnen dürsten,
Den doch die Ruh auf ewig flieht:
Daß wir die Centner-Last der Würden
Auf allzuschwache Schultern bürden,
Ist, weil man dich beim Zepter sieht.

Du führest die geharnschten Schaaren
Durch die verachteten Gefahren
Mit Freuden ins gewisse Grab;
Dich nach dem Tode zu erhalten,
Bricht der geschwächte Sinn der Alten
Ihr sonst so theures Leben ab.

Dein Feuer füllt die grösten Geister,
Du lehrest Künst und machest Meister,
Durch dich erhält die Tugend sich;
Der Weise selbst folgt dir von fernen,
Sein starrer Blick sucht in den Sternen
Nicht ihren Wunder-Lauf, nur dich.

Ach, könnten doch der Menschen Augen
Dein Wesen einzusehen taugen,
Wie würdest du für sie so klein!
Verblendend Irrlicht der Gemüther,
Gerühmter Adel falscher Güter,
Wer dich gefunden, hascht nur Schein.

»O Jüngling,« rufte jener Weise,
»Was macht, daß deine Helden-Reise
Sich in Aurorens Bette wagt?
Du rennst in tausend bloße Säbel,
Nur daß am Tisch der Griechen Pöbel
Nach deinen Thaten müßig fragt.«[1]

So seid ihr Menschen mit einander!
An Muth ist keiner Alexander,
An Thorheit gehn ihm tausend für;
Ihr opfert eure besten Jahre,
Nur daß Europa bald erfahre,
Daß einer lebt, der heißt wie ihr.

Wie herrlich werd ich einst verwesen,
Wenn Leute nur mein Ende lesen
Bei den Erschlagnen obenan!
Wohl angebrachtes Blut der Helden,
Wann einmal die Kalender melden,
Was Wunderthaten sie gethan!

1   Alexander rief beim Uebergang des Hydaspes aus: wie vieler Mühe und
Gefahr setze ich mich bloß, auf daß die Athenienser vorteilhaftig von mir
sprechen sollen!

Zwar noch zu glücklich, wessen Wunden
Bei dem Gerüchte Platz gefunden,
Er hascht ihn doch, den edlen Traum!
Wie manchen, der sein kühnes Leben
Mit gleichem Muthe hingegeben,
Benennt die Todtenliste kaum!

Als aus des neuen Gottes Wunden
Das Blut entgieng, die Kräfte schwunden,
Wog Fama jeden Tropfen ab;
Allein das Werkzeug seiner Siege,
Die Mitgefährten seiner Kriege,
Verscharrt mit ihrem Ruhm ihr Grab.

Doch, ach, was haben sie verloren?
Das Leben in der Menschen Ohren
Geht nach dem Tod uns wenig an;
Achilles, dessen kühne Tugend
Ein Beispiel ist sieghafter Jugend,
Ist ja so todt als jedermann.

Baut, eitle Herrscher unterm Süden,
Die unzerstörbarn Pyramiden,
Gepflastert mit des Volkes Blut;
Doch wisst, daß, einst der Würmer Speise,
Man unterm Stein vom höchsten Preise
Nicht besser als im Rasen ruht.

Allein was kann uns auch im Leben
Der Nachruhm für Vergnügen geben?
Die Ruh wohnt bei der Ehre nie.
Sie wohnt in prächtigen Pallästen
Und hat selbst Könige zu Gästen,
Allein mit Rauche speiset sie.

Sagt: hat der gröste von den Kaisern,[2]
Bedeckt mit tausend Lorbeer-Reisern,
Nicht alles, was ihr wünschen könnt?
Doch schaut, ihr Sklaven eiteln Schimmers,
Doch ins Bezirk des innern Zimmers
Und sagt, ob ihr sein Glück euch gönnt?

2   Karl der VI., dessen Glück damals am grösten war. An. 1728.

Es klingt zwar herrlich in den Ohren:
»Zum Herrscher von der Welt geboren
Und größer noch von Würdigkeit!«
Allein der Glanz von zehen Kronen,
Die Majestät so vieler Thronen
Ist nur der Unruh Feier-Kleid.

Europens aufgebrachte Waffen
Hier von sich lehnen, dort bestrafen,
Am Steuer von der Erde sein,
Ein Heer gepresster Unterthanen
Hier schützen, dort zum Frieden mahnen,
Räumt wenig Ruh den Tagen ein.

Allein sein eigen Reich verwalten,
Staat, Kirch und Handelschaft erhalten,
Was Nutz und Ehre fodern, thun,
In Frieden seine Waffen schärfen,
Den Grund zum Glück der Nachwelt werfen,
Lässt auch zu Nacht ihn niemals ruhn.

Er schmachtet unter seiner Würde,
Ihr seht die Pracht, er fühlt die Bürde,
Ihr schlafet sicher, weil er wacht;
Zu selig, schnitte das Geschicke
Von seiner Hand die güldnen Stricke,
Womit es ihn zum Sklaven macht.

Wann aber erst mit Unglücks-Fällen
Des Fürsten Sorgen sich gesellen,
Wenn wider ihn das Schicksal ficht,
Wann um ihn Macht und Bosheit wittert
Und der bestürmte Thron erzittert,
Da zeigt der Zepter sein Gewicht.

Weh ihm, wann ihn sein Stolz verwöhnet!
Der größre Herr, der ihn belehnet,
Lehrt ihn, von wem die Krone sei;
Der Lorbeer schützt nicht vor dem Blitze,
Der Donner schlägt der Thürme Spitze,
Und Unfall wohnt Tyrannen bei.

Wie manchmal wird dem höchsten Haupte,
Das heut der Lorbeer noch umlaubte,
Des Abends kaum ein Sarg gewährt!

Wie oft muß Gift, aus Freundes Händen,
Des grösten Helden Leben enden,
Das tausend Degen nicht versehrt!

Das Muster aller Fürsten-Gaben
Muß neben sich ein Unthier haben,
Das eh verdient am Pfahl zu stehn.[3]
August, des Brutus Ueberwinder,
Sieht durch die Laster seiner Kinder
Sein Haus mit Spott zu Grunde gehn.

Zieh, Hannibal, vom heißen Calpe
Und Visos unerstiegner Alpe,[4]
Such in der Römer Blut den Ruhm!
Rom selbst scheut sich mit dir zu kriegen,
Doch bleibt dir einst von deinen Siegen
Nur Gift zum letzten Eigenthum!

Wann auch sich einst ein Liebling fände,
Mit dem das Glück sich fest verbände,
Blieb ihm kein Wunsch gleich unerfüllt;
Er wird von Sorgen drum nicht freier,
Die Ehrsucht ist ein ewig Feuer,
Das weder Zeit noch Ehre stillt.

Was man gewünscht, ist schon vergessen,
Eh man es einen Tag besessen,
Dem Wunsche folgt ein andrer nach;
Der Nachruhm selbst spornt unsre Sinnen,
Noch größre Thaten zu beginnen,
Und hält erworbnen Ruhm für Schmach.

Er fand an Ganges letztem Strande
Das Ziel der Thaten und der Lande,
Doch Philipps Sohn war noch nicht satt;
Die Welt hört auf mit seinen Siegen,
Er aber weint, weil, dort zu kriegen,
Der Himmel keine Brücke hat.

Ihr aber, deren Tugend-Lehre
Führt nach der reinsten Art der Ehre,
Lernt doch, wornach ihr lüstern seid!

3   M. Antonius Philosophus und Faustina.
4   Nach des Mr. de St. Simon mühsamer Untersuchung.

Was hilft es euch, den Göttern gleichen,
Wann in der Bosheit finstern Sträuchen
Ein Weg ist zur Unsterblichkeit?

Der Nachruhm lobt nicht nur das gute;
Er schreibt die Zagheit bei dem Muthe,
Die Tugend bei den Lastern ein;
Er wieget nicht den Werth der Dinge,
Genug, daß ein Verrath gelinge,
Sein Meister wird unsterblich sein.

Wer hat des Habis Lob gegeben,[5]
Da man der Cäsarn mördrischs Leben
In tausend Büchern ewig findt?
Heißt Alexander nicht der Große,
Da in des nichts verlornem Schooße
Ung und Ascan begraben sind?[6]

Bekennt es, ihr homerschen Helden!
Was kann die Nachwelt von euch melden,
Als die beglückte Raserei?
Nehmt weg, daß ihr die Welt verheeret,
Geraubt, gemordt, gebrannt, zerstöret,
Was bleibt, das wissens würdig sei?

Allein, wann endlich schon die Ehre
Der Weg zu dem Vergnügen wäre,
Auch also lohnt sie nicht die Müh:
Man opfert ihr der Jahre Blüthe,
Die besten Kräfte vom Gemüthe,
Und nach dem Tod erlangt man sie.

Man steigt der wahren Ehr entgegen
Nur stufenweis, auf steilen Wegen,
Und zahlt mit Blute jeden Schritt;
Im Alter naht man sich der Spitze
Und glaubt sich endlich im Besitze,
Wann uns der Tod in Abgrund tritt.

---

5   König in Spanien, der lang und sehr löblich geherrschet und seinen Un-
    terthanen den Ackerbau und andere Künste zuerst gewiesen hat, aber
    sonst wenig bekannt ist.

6   Der Urheber des deutschen Reichs und ein alter glücklicher König in
    Schweden, der lang in Frieden und Ruhe seine Völker beherrschet hat.
    Dalin.

Als dort im Kreise banger Helden
Die Aerzte Babels Sieger melden,
Daß er umsonst nach Rettung schaut,
Was helfen ihm die vielen Kronen?
Und daß, vom Schutt zerstörter Thronen,
Er lebend sich Altär erbaut?

Laß dein Arbela dich erquicken,
Wisch ab mit Lorbeern, die dich schmücken,
Den Schweiß des schmachtenden Gesichts;
Du siegtest nur, um schwer zu sterben,
Du raubst die Welt für fremde Erben,
Du hattest alles und wirst nichts!

Komm, schneller Cäsar, sieh und siege,
Es sei der Schauplatz deiner Kriege,
Die ganze Welt, dein Unterthan;
Doch Dolche sind, dich zu ermorden,
Vor Ewigkeit geschliffen worden,
Dawider nichts dich schützen kann!

O selig, wen sein gut Geschicke
Bewahrt vor großem Ruhm und Glücke,
Der, was die Welt erhebt, verlacht;
Der, frei vom Joche der Geschäfte,
Des Leibes und der Seele Kräfte
Zum Werkzeug stiller Tugend macht![7]

Du, der die Anmuth frischer Jugend
Vermählest mit der reifen Tugend,
Was fehlet deiner Seligkeit?
Beglückter *Giller,* deine Tage
Sind frei von Sorg und feiger Klage,
Wie du von Ehrgeiz und von Neid!

Kein Kummer, deinen Stand zu bessern,
Kein eitler Bau von fernen Schlössern
Hat einen Reiz, der bei dir gilt;
Der Quell von stätigem Vergnügen
Ist nimmermehr bei dir versiegen,
Weil er aus deinem Herzen quillt!

7 Eine Verbesserung vom liebenswürdigen Gellert.

Was soll dir dann mein Glückwunsch nutzen?
Mag ein Demant mit Glas sich putzen?
Schminkt sich mit Ruhm die Tugend an?
Genug, ich will dein Treuster leben,
Sie selbst, die Tugend, wird dir geben,
Was ich dir gutes wünschen kann!

4.

Die Alpen

1729.

Dieses Gedicht ist dasjenige, das mir am schwersten geworden ist. Es war die Frucht der großen Alpen-Reise, die ich An. 1728 mit dem jetzigen Herrn Canonico und Professor Gessner in Zürich gethan hatte. Die starken Vorwürfe lagen mir lebhaft im Gedächtniß. Aber ich wählte eine beschwerliche Art von Gedichten, die mir die Arbeit unnöthig vergrößerte. Die zehenzeilichten Strophen, die ich brauchte, zwangen mich, so viele besondere Gemälde zu machen, als ihrer selber waren, und allemal einen ganzen Vorwurf mit zehen Linien zu schließen. Die Gewohnheit neuerer Zeiten, daß die Stärke der Gedanken in der Strophe allemal gegen das Ende steigen muß, machte mir die Ausführung noch schwerer. Ich wandte die Nebenstunden vieler Monate zu diesen wenigen Reimen an, und da alles fertig war, gefiel mir sehr vieles nicht. Man sieht auch ohne mein warnen noch viele Spuren des Lohensteinischen Geschmacks darin.

Versuchts, ihr Sterbliche, macht euren Zustand besser,[1]
Braucht, was die Kunst erfand und die Natur euch gab;
Belebt die Blumen-Flur mit steigendem Gewässer,
Theilt nach Korinths Gesetz gehaune Felsen ab;
Umhängt die Marmor-Wand mit persischen Tapeten,
Speist Tunkins Nest aus Gold, trinkt Perlen aus Smaragd,[2]
Schlaft ein beim Saitenspiel, erwachet bei Trompeten,
Räumt Klippen aus der Bahn, schließt Länder ein zur Jagd;[3]
Wird schon, was ihr gewünscht, das Schicksal unterschreiben,
Ihr werdet arm im Glück, im Reichthum elend bleiben!

1 Diese 10 Verse stehen nicht in der ersten Auflage.
2 Die berühmten Vogelnester, die in Indien unter den Leckerbissen ganz
   bekannt sind, und die man zuweilen auch in Europa auf vornehmen Ti-
   schen sieht, findet man auf einigen Inseln am Ufer von Tunkin.
3 Wie Wilhelm der Eroberer.

Wann Gold und Ehre sich zu Clios Dienst verbinden,
Keimt doch kein Funken Freud in dem verstörten Sinn.
Der Dinge Werth ist das, was wir davon empfinden;
Vor seiner theuren Last flieht er zum Tode hin.
Was hat ein Fürst bevor, das einem Schäfer fehlet?
Der Zepter eckelt ihm, wie dem sein Hirten-Stab.
Weh ihm, wann ihn der Geiz, wann ihn die Ehrsucht quälet,
Die Schaar, die um ihn wacht, hält den Verdruß nicht ab.
Wann aber seinen Sinn gesetzte Stille wieget,
Entschläft der minder sanft, der nicht auf Eidern lieget?

Beglückte güldne Zeit, Geschenk der ersten Güte,
O, daß der Himmel dich so zeitig weggerückt!
Nicht, weil die junge Welt in stätem Frühling blühte
Und nie ein scharfer Nord die Blumen abgepflückt;
Nicht, weil freiwillig Korn die falben Felder deckte
Und Honig mit der Milch in dicken Strömen lief;
Nicht, weil kein kühner Löw die schwachen Hürden schreckte
Und ein verirrtes Lamm bei Wölfen sicher schlief;
Nein, weil der Mensch zum Glück den Ueberfluß nicht zählte,
Ihm Nothdurft Reichthum war und Gold zum sorgen fehlte!

Ihr Schüler der Natur, ihr kennt noch güldne Zeiten!
Nicht zwar ein Dichterreich voll fabelhafter Pracht;
Wer misst den äußern Glanz scheinbarer Eitelkeiten,
Wann Tugend Müh zur Lust und Armuth glücklich macht?
Das Schicksal hat euch hier kein Tempe zugesprochen,
Die Wolken, die ihr trinkt, sind schwer von Reif und Strahl;
Der lange Winter kürzt des Frühlings späte Wochen,
Und ein verewigt Eis umringt das kühle Thal;
Doch eurer Sitten Werth hat alles das verbessert,
Der Elemente Neid hat euer Glück vergrößert.

Wohl dir, vergnügtes Volk! o danke dem Geschicke,
Das dir der Laster Quell, den Ueberfluß, versagt;
Dem, den sein Stand vergnügt, dient Armuth selbst zum Glücke,
Da Pracht und Ueppigkeit der Länder Stütze nagt.
Als Rom die Siege noch bei seinen Schlachten zählte,
War Brei der Helden Speis und Holz der Götter Haus;[4]
Als aber ihm das Maaß von seinem Reichthum fehlte,
Trat bald der schwächste Feind den feigen Stolz in Graus.
Du aber hüte dich, was größers zu begehren.
So lang die Einfalt daurt, wird auch der Wohlstand währen.

4   *pulmentum.*

Zwar die Natur bedeckt dein hartes Land mit Steinen,
Allein dein Pflug geht durch, und deine Saat errinnt;
Sie warf die Alpen auf, dich von der Welt zu zäunen,
Weil sich die Menschen selbst die grösten Plagen sind;
Dein Trank ist reine Flut und Milch die reichsten Speisen,
Doch Lust und Hunger legt auch Eicheln Würze zu;
Der Berge tiefer Schacht giebt dir nur schwirrend Eisen,
Wie sehr wünscht Peru nicht, so arm zu sein als du!
Dann, wo die Freiheit herrscht, wird alle Mühe minder,
Die Felsen selbst beblümt und Boreas gelinder.

Glückseliger Verlust von schadenvollen Gütern!
Der Reichthum hat kein Gut, das eurer Armuth gleicht;
Die Eintracht wohnt bei euch in friedlichen Gemüthern,
Weil kein beglänzter Wahn euch Zweitrachtsäpfel reicht;
Die Freude wird hier nicht mit banger Furcht begleitet,
Weil man das Leben liebt und doch den Tod nicht hasst;
Hier herrschet die Vernunft, von der Natur geleitet,
Die, was ihr nöthig, sucht und mehrers hält für Last.
Was Epictet gethan und Seneca geschrieben,
Sieht man hier ungelehrt und ungezwungen üben.

Hier herrscht kein Unterschied, den schlauer Stolz erfunden,
Der Tugend unterthan und Laster edel macht;
Kein müßiger Verdruß verlängert hier die Stunden,
Die Arbeit füllt den Tag und Ruh besetzt die Nacht;
Hier lässt kein hoher Geist sich von der Ehrsucht blenden,
Des morgens Sonne frisst des heutes Freude nie.
Die Freiheit theilt dem Volk, aus milden Mutter-Händen,
Mit immer gleichem Maaß Vergnügen, Ruh und Müh.
Kein unzufriedner Sinn zankt sich mit seinem Glücke,
Man isst, man schläft, man liebt und danket dem Geschicke.

Zwar die Gelehrtheit feilscht hier nicht papierne Schätze,
Man misst die Straßen nicht zu Rom und zu Athen,
Man bindet die Vernunft an keine Schulgesetze,
Und niemand lehrt die Sonn in ihren Kreisen gehn.
O Witz! des Weisen Tand, wann hast du ihn vergnüget?
Er kennt den Bau der Welt und stirbt sich unbekannt;
Die Wollust wird bei ihm vergällt und nicht besieget,
Sein künstlicher Geschmack beeckelt seinen Stand;
Und hier hat die Natur die Lehre, recht zu leben,
Dem Menschen in das Herz und nicht ins Hirn gegeben.

Hier macht kein wechselnd Glück die Zeiten unterschieden,
Die Thränen folgen nicht auf kurze Freudigkeit;
Das Leben rinnt dahin in ungestörtem Frieden,
Heut ist wie gestern war und morgen wird wie heut.
Kein ungewohnter Fall bezeichnet hier die Tage,
Kein Unstern malt sie schwarz, kein schwülstig Glücke roth.
Der Jahre Lust und Müh ruhn stets auf gleicher Waage,
Des Lebens Staffeln sind nichts als Geburt und Tod.
Nur hat die Fröhlichkeit bisweilen wenig Stunden
Dem unverdrossnen Volk nicht ohne Müh entwunden.[5]

Wann durch die schwüle Luft gedämpfte Winde streichen
Und ein begeistert Blut in jungen Adern glüht,
So sammlet sich ein Dorf im Schatten breiter Eichen,
Wo Kunst und Anmuth sich um Lieb und Lob bemüht.
Hier ringt ein kühnes Paar, vermählt den Ernst dem Spiele,
Umwindet Leib um Leib und schlinget Huft um Huft.
Dort fliegt ein schwerer Stein nach dem gesteckten Ziele,
Von starker Hand beseelt, durch die zertrennte Luft.
Den aber führt die Lust, was edlers zu beginnen,
Zu einer muntern Schaar von jungen Schäferinnen.[6]

Dort eilt ein schnelles Blei in das entfernte weiße,
Das blitzt und Luft und Ziel im gleichen Jetzt durchbohrt;
Hier rollt ein runder Ball in dem bestimmten Gleiße
Nach dem erwählten Zweck mit langen Sätzen fort.
Dort tanzt ein bunter Ring mit umgeschlungnen Händen
In dem zertretnen Gras bei einer Dorf-Schallmei,
Und lehrt sie nicht die Kunst, sich nach dem Tacte wenden,
So legt die Fröhlichkeit doch ihnen Flügel bei.
Das graue Alter dort sitzt hin in langen Reihen,
Sich an der Kinder Lust noch einmal zu erfreuen.

---

5   Man sieht leicht, daß dieses Gemälde auf die vollkommene Gleichheit der
    Alpenleute geht, wo kein Adel und sogar kein Landvogt ist, wo keine
    möglichen Beförderungen eine Bewegung in den Gemüthern erwecken
    und die Ehrsucht keinen Namen in der Landsprache hat.

6   Diese ganze Beschreibung ist nach dem Leben gemalt. Sie handelt von
    den sogenannten Bergfesten, die unter den Einwohnern der bernischen
    Alpen ganz gemein und mit mehr Lust und Pracht begleitet sind, als man
    einem Ausländer zumuthen kann zu glauben. Alle die hier beschriebenen
    Spiele werden dabei getrieben: das ringen und das Steinstoßen, das dem
    werfen des alten Disci ganz gleich kömmt, ist eine Uebung der dauerhaften
    Kräfte dieses Volkes.

Denn hier, wo die Natur allein Gesetze giebet,
Umschließt kein harter Zwang der Liebe holdes Reich.
Was liebenswürdig ist, wird ohne Scheu geliebet,
Verdienst macht alles werth und Liebe macht es gleich.
Die Anmuth wird hier auch in Armen schön gefunden,
Man wiegt die Gunst hier nicht für schwere Kisten hin,
Die Ehrsucht theilet nie, was Werth und Huld verbunden,
Die Staatssucht macht sich nicht zur Unglücks-Kupplerin:
Die Liebe brennt hier frei und scheut kein Donnerwetter,
Man liebet für sich selbst und nicht für seine Väter.

So bald ein junger Hirt die sanfte Glut empfunden,
Die leicht ein schmachtend Aug in muntern Geistern schürt,
So wird des Schäfers Mund von keiner Furcht gebunden,
Ein ungeheuchelt Wort bekennet, was ihn rührt;
Sie hört ihn und, verdient sein Brand ihr Herz zum Lohne,
So sagt sie, was sie fühlt, und thut, wornach sie strebt;
Dann zarte Regung dient den Schönen nicht zum Hohne,
Die aus der Anmuth fließt und durch die Tugend lebt.
Verzüge falscher Zucht, der wahren Keuschheit Affen,
Der Hochmuth hat euch nur zu unsrer Qual geschaffen!

Die Sehnsucht wird hier nicht mit eitler Pracht belästigt!
Er liebt sie, sie ihn, dieß macht den Heirath-Schluß.
Die Eh wird oft durch nichts als beider Treu befestigt,
Für Schwüre dient ein Ja, das Siegel ist ein Kuß.
Die holde Nachtigall grüßt sie von nahen Zweigen,
Die Wollust deckt ihr Bett auf sanft geschwollnes Moos,
Zum Vorhang dient ein Baum, die Einsamkeit zum Zeugen,
Die Liebe führt die Braut in ihres Hirten Schooß.
O dreimal seligs Paar! Euch muß ein Fürst beneiden,
Dann Liebe balsamt Gras und Eckel herrscht auf Seiden.

Hier bleibt das Ehbett rein; man dinget keine Hüter,
Weil Keuschheit und Vernunft darum zu Wache stehn;
Ihr Vorwitz spähet nicht auf unerlaubte Güter,
Was man geliebet, bleibt auch beim Besitze schön.
Der keuschen Liebe Hand streut selbst auf Arbeit Rosen,
Wer für sein liebstes sorgt, findt Reiz in jeder Pflicht,
Und lernt man nicht die Kunst, nach Regeln liebzukosen,
So klingt auch stammeln süß, ists nur das Herz, das spricht.
Der Eintracht hold Geleit, Gefälligkeit und scherzen
Belebet ihre Küß und knüpft das Band der Herzen.

Entfernt vom eiteln Tand der mühsamen Geschäfte
Wohnt hier die Seelen-Ruh und flieht der Städte Rauch;
Ihr thätig Leben stärkt der Leiber reife Kräfte,
Der träge Müßiggang schwellt niemals ihren Bauch.
Die Arbeit weckt sie auf und stillet ihr Gemüthe,
Die Lust macht sie gering und die Gesundheit leicht;
In ihren Adern fließt ein unverfälscht Geblüte,
Darin kein erblich Gift von siechen Vätern schleicht,
Das Kummer nicht vergällt, kein fremder Wein befeuret,
Kein geiles Eiter fäult, kein welscher Koch versäuret.

So bald der rauhe Nord der Lüfte Reich verlieret
Und ein belebter Saft in alle Wesen dringt,
Wann sich der Erde Schooß mit neuem Schmucke zieret,
Den ihr ein holder West auf lauen Flügeln bringt,
So bald flieht auch das Volk aus den verhassten Gründen,
Woraus noch kaum der Schnee mit trüben Strömen fließt,
Und eilt den Alpen zu, das erste Gras zu finden,[7]
Wo kaum noch durch das Eis der Kräuter Spitze sprießt;
Das Vieh verlässt den Stall und grüßt den Berg mit mit Freuden,
Den Frühling und Natur zu seinem Nutzen kleiden.

Wenn kaum die Lerchen noch den frühen Tag begrüßen
Und uns das Licht der Welt die ersten Blicke giebt,
Entreißt der Hirt sich schon aus seiner Liebsten Küssen,
Die seines Abschieds Zeit zwar hasst, doch nicht verschiebt.
Dort drängt ein träger Schwarm von schwerbeleibten Kühen,
Mit freudigem Gebrüll, sich im bethauten Steg;
Sie irren langsam hin, wo Klee und Muttern blühen,[8]
Und mähn das zarte Gras mit scharfen Zungen weg;
Er aber setzet sich bei einem Wasser-Falle
Und ruft mit seinem Horn dem lauten Widerhalle.

Wann der entfernte Strahl die Schatten dann verlängert
Und nun das müde Licht sich senkt in kühle Ruh,
So eilt die satte Schaar, von Ueberfluß geschwängert,
Mit schwärmendem Geblöck gewohnten Ställen zu.
Die Hirtin grüßt den Mann, der sie mit Lust erblicket,
Der Kinder muntrer Schwarm frohlockt und spielt um ihn,

---

7   Im Anfange des Maimonats brechen aus den Städten und Dörfern die
    Hirten mit ihrem Vieh auf und ziehen mit einer eigenen Fröhlichkeit zuerst
    auf die niedrigen und im Brachmonat auf die höheren Alpen.
8   Ein Kraut, das in den Weiden allen andern vorgezogen wird. *Seseli foliis
    acute multifidis umbella purpurea. Enum. Helv. p. 431.*

Und ist der süße Schaum der Euter ausgedrücket,
So sitzt das frohe Paar zu schlechten Speisen hin.
Begierd und Hunger würzt, was Einfalt zubereitet,
Bis Schlaf und Liebe sie umarmt ins Bett begleitet.

Wann von der Sonne Macht die Wiesen sich entzünden
Und in dem falben Gras des Volkes Hoffnung reift,
So eilt der muntre Hirt nach den bethauten Gründen,
Eh noch Aurorens Gold der Berge Höh durchstreift.
Aus ihrem holden Reich wird Flora nun verdränget,
Den Schmuck der Erde fällt der Sense krummer Lauf,
Ein lieblicher Geruch, aus tausenden vermenget,
Steigt aus der bunten Reih gehäufter Kräuter auf;
Der Ochsen schwerer Schritt führt ihre Winter-Speise,
Und ein frohlockend Lied begleitet ihre Reise.

Bald, wann der trübe Herbst die falben Blätter pflücket
Und sich die kühle Luft in graue Nebel hüllt,
So wird der Erde Schooß mit neuer Zier geschmücket,
An Pracht und Blumen arm, mit Nutzen angefüllt;
Des Frühlings Augen-Lust weicht nützlicherm Vergnügen,
Die Früchte funkeln da, wo vor die Blüthe stund:
Der Aepfel reifes Gold, durchstriemt mit Purpur-Zügen,
Beugt den gestützten Ast und nähert sich dem Mund.
Der Birnen süß Geschlecht, die Honig-reiche Pflaume[9]
Reizt ihres Meisters Hand und wartet an dem Baume.

Zwar hier bekränzt der Herbst die Hügel nicht mit Reben,[10]
Man presst kein gährend Naß gequetschten Beeren ab.
Die Erde hat zum Durst nur Brünnen hergegeben,
Und kein gekünstelt Saur beschleunigt unser Grab.
Beglückte, klaget nicht! ihr wuchert im verlieren;
Kein nöthiges Getränk, ein Gift verlieret ihr!
Die gütige Natur verbietet ihn den Thieren,
Der Mensch allein trinkt Wein und wird dadurch ein Thier.
Für euch, o Selige! will das Verhängniß sorgen,
Es hat zum Untergang den Weg euch selbst verborgen.

9   Die am Fuße der Alpen liegenden Thäler sind überhaupt voll Obst, welches
    einen guten Theil ihrer Nahrung ausmacht.
10 Dieser Mangel an Wein ist den eigentlichen Alpen eigen, dann die nächsten
    Thäler zeugen oft die stärksten Weine, ganz nahe unter den Eisgebürgen,
    wie der feurige Wein zu Martinach am Fuß des S. Bernhards-Bergs. Aber
    ich beschreibe hier die Einwohner der bernischen Thäler Weißland und
    Siebenthal, wo allerdings kein Wein und wenig Korn erzielet wird.

Allein es ist auch hier der Herbst nicht leer an Schätzen,
Die List und Wachsamkeit auf hohen Bergen findt.
Eh sich der Himmel zeigt und sich die Nebel setzen,
Schallt schon des Jägers Horn und weckt das Felsen-Kind;
Da setzt ein schüchtern Gems, beflügelt durch den Schrecken,
Durch den entfernten Raum gespaltner Felsen fort;
Dort eilt ein künstlich Blei nach schwer gehörnten Böcken,[11]
Hier flieht ein leichtes Reh, es schwankt und sinket dort.
Der Hunde lauter Kampf, des Erztes tödtlich knallen,
Tönt durch das krumme Thal und macht den Wald erschallen.

Indessen, daß der Frost sie nicht entblößt berücke,
So macht des Volkes Fleiß aus Milch der Alpen Mehl.
Hier wird auf strenger Glut geschiedner Zieger dicke,
Und dort gerinnt die Milch und wird ein stehend Oel;
Hier presst ein stark Gewicht den schweren Satz der Molke,
Dort trennt ein gährend Saur das Wasser und das Fett;
Hier kocht der zweite Raub der Milch dem armen Volke,
Dort bildt den neuen Käs ein rund geschnitten Brett.[12]
Das ganze Haus greift an und schämt sich, leer zu stehen,
Kein Sklaven-Handwerk ist so schwer, als müßiggehen.

Hat nun die müde Welt sich in den Frost begraben,
Der Berge Thäler Eis, die Spitzen Schnee bedeckt,
Ruht das erschöpfte Feld nun aus für neue Gaben,
Weil ein krystallner Damm der Flüsse Lauf versteckt,
Dann zieht sich auch der Hirt in die beschneiten Hütten,
Wo fetter Fichten Dampf die dürren Balken schwärzt;
Hier zahlt die süße Ruh die Müh, die er erlitten,
Der Sorgen-lose Tag wird freudig durchgescherzt,
Und wenn die Nachbarn sich zu seinem Herde setzen,
So weiß ihr klug Gespräch auch Weise zu ergötzen.

Der eine lehrt die Kunst, was uns die Wolken tragen,[13]
Im Spiegel der Natur vernünftig vorzusehn,

11 Steinböcke.

12 *Recocta* oder Zieger. Man kann hierbei des Herrn Scheuchzers Beschreibung der Milcharbeiten in der ersten Alpenreise nach des geschickten Hrn. Sulzers Uebersetzung nachsehen.

13 Alle diese Beschreibungen von klugen Bauern sind nach der Natur nachgeahmt, obwohl ein Fremder die selben der Einbildung zuzuschreiben versucht werden möchte. Der Liebhaber der Natur, der alte tapfere Krieger, der bäurische Dichter und selbst der Staatsmann im Hirtenkleide sind auf den Alpen gemein. Ihrer Einwohner Beredsamkeit, ihre Klugheit und ihre

Er kann der Winde Strich, den Lauf der Wetter sagen
Und sieht in heller Luft den Sturm von weitem wehn;
Er kennt die Kraft des Monds, die Würkung seiner Farben,
Er weiß, was am Gebürg ein früher Nebel will;
Er zählt im Merzen schon der fernen Ernte Garben
Und hält, wenn alles mäht, bei nahem Regen still;
Er ist des Dorfes Rath, sein Ausspruch macht sie sicher,
Und die Erfahrenheit dient ihm vor tausend Bücher.

Ein junger Schäfer stimmt indessen seine Leier,
Dazu er ganz entzückt ein neues Liedgen singt,
Natur und Liebe gießt in ihn ein heimlich Feuer,
Das in den Adern glimmt und nie die Müh erzwingt;
Die Kunst hat keinen Theil an seinen Hirten-Liedern,
Im ungeschmückten Lied malt er den freien Sinn;
Auch wann er dichten soll, bleibt er bei seinen Widern,
Und seine Muse spricht wie seine Schäferin;
Sein Lehrer ist sein Herz, sein Phöbus seine Schöne,
Die Rührung macht den Vers und nicht gezählte Töne.

Bald aber spricht ein Greis, von dessen grauen Haaren
Sein angenehm Gespräch ein höhers Ansehn nimmt,
Die Vorwelt sah ihn schon, die Last von achtzig Jahren
Hat seinen Geist gestärkt und nur den Leib gekrümmt;
Er ist ein Beispiel noch von unsern Helden-Ahnen,
In deren Faust der Blitz und Gott im Herzen war;
Er malt die Schlachten ab, zählt die ersiegten Fahnen,
Bestürmt der Feinde Wall und rühmt die kühnste Schaar.
Die Jugend hört erstaunt und wallt in den Geberden,
Mit edler Ungeduld noch löblicher zu werden.

Ein andrer, dessen Haupt mit gleichem Schnee bedecket,
Ein lebendes Gesetz, des Volkes Richtschnur ist,
Lehrt, wie die feige Welt ins Joch den Nacken strecket,
Wie eitler Fürsten Pracht das Mark der Länder frisst,
Wie Tell mit kühnem Muth das harte Joch zertreten,
Das Joch, das heute noch Europens Hälfte trägt;
Wie um uns alles darbt und hungert in den Ketten[14]
Und Welschlands Paradies gebogne Bettler hegt;
Wie Eintracht, Treu und Muth, mit unzertrennten Kräften,
An eine kleine Macht des Glückes Flügel heften.

Liebe zur Dichtkunst sind in meinem Vaterlande so bekannt, als auswärtig
ihre unerschrockne Standhaftigkeit im Gefechte.

14 Diese Betrachtung hat schon Burnet gemacht.

Bald aber schließt ein Kreis um einen muntern Alten,
Der die Natur erforscht und ihre Schönheit kennt;
Der Kräuter Wunder-Kraft und ändernde Gestalten
Hat längst sein Witz durchsucht und jedes Moos benennt;
Er wirft den scharfen Blick in unterirdsche Grüfte,
Die Erde deckt vor ihm umsonst ihr falbes Gold,
Er dringet durch die Luft und sieht die Schwefel-Düfte,
In deren feuchter Schooß gefangner Donner rollt;
Er kennt sein Vaterland und weiß an dessen Schätzen
Sein immerforschend Aug am Nutzen zu ergötzen.

Dann hier, wo Gotthards Haupt die Wolken übersteiget
Und der erhabnern Welt die Sonne näher scheint,
Hat, was die Erde sonst an Seltenheit gezeuget,
Die spielende Natur in wenig Lands vereint;
Wahr ists, daß Lybien uns noch mehr neues giebet
Und jeden Tag sein Sand ein frisches Unthier sieht;
Allein der Himmel hat dies Land noch mehr geliebet,
Wo nichts, was nöthig, fehlt und nur, was nutzet, blüht;
Der Berge wachsend Eis, der Felsen steile Wände[15]
Sind selbst zum Nutzen da und tränken das Gelände.

Wenn Titans erster Strahl der Gipfel Schnee vergüldet
Und sein verklärter Blick die Nebel unterdrückt,
So wird, was die Natur am prächtigsten gebildet,
Mit immer neuer Lust von einem Berg erblickt;
Durch den zerfahrnen Dunst von einer dünnen Wolke
Eröffnet sich zugleich der Schauplatz einer Welt,
Ein weiter Aufenthalt von mehr als einem Volke
Zeigt alles auf einmal, was sein Bezirk enthält;
Ein sanfter Schwindel schließt die allzuschwachen Augen,
Die den zu breiten Kreis nicht durchzustrahlen taugen.

Ein angenehm Gemisch von Bergen, Fels und Seen
Fällt nach und nach erbleicht, doch deutlich, ins Gesicht,
Die blaue Ferne schließt ein Kranz beglänzter Höhen,
Worauf ein schwarzer Wald die letzten Strahlen bricht;
Bald zeigt ein nah Gebürg die sanft erhobnen Hügel,
Wovon ein laut Geblöck im Thale widerhallt;
Bald scheint ein breiter See ein Meilen langer Spiegel,
Auf dessen glatter Flut ein zitternd Feuer wallt;

15 Die meisten und grösten Flüsse entspringen aus Eisgebürgen, als der Rhein,
der Rhodan, die Aare.

Bald aber öffnet sich ein Strich von grünen Thälern,
Die, hin und her gekrümmt, sich im entfernen schmälern.

Dort senkt ein kahler Berg die glatten Wände nieder,
Den ein verjährtes Eis dem Himmel gleich gethürmt,
Sein frostiger Krystall schickt alle Strahlen wieder,
Den die gestiegne Hitz im Krebs umsonst bestürmt.
Nicht fern vom Eise streckt, voll Futter-reicher Weide,
Ein fruchtbares Gebürg den breiten Rücken her;
Sein sanfter Abhang glänzt von reifendem Getreide,
Und seine Hügel sind von hundert Heerden schwer.
Den nahen Gegenstand von unterschiednen Zonen
Trennt nur ein enges Thal, wo kühle Schatten wohnen.

Hier zeigt ein steiler Berg die Mauer-gleichen Spitzen,
Ein Wald-Strom eilt hindurch und stürzet Fall auf Fall.
Der dick beschäumte Fluß dringt durch der Felsen Ritzen
Und schießt mit gäher Kraft weit über ihren Wall.
Das dünne Wasser theilt des tiefen Falles Eile,
In der verdickten Luft schwebt ein bewegtes Grau,
Ein Regenbogen strahlt durch die zerstäubten Theile
Und das entfernte Thal trinkt ein beständigs Thau.
Ein Wandrer sieht erstaunt im Himmel Ströme fließen,
Die aus den Wolken fliehn und sich in Wolken gießen.[16]

Doch wer den edlern Sinn, den Kunst und Weisheit schärfen,
Durchs weite Reich der Welt empor zur Wahrheit schwingt,
Der wird an keinen Ort gelehrte Blicke werfen,
Wo nicht ein Wunder ihn zum stehn und forschen zwingt.
Macht durch der Weisheit Licht die Gruft der Erde heiter,
Die Silber-Blumen trägt und Gold den Bächen schenkt;
Durchsucht den holden Bau der buntgeschmückten Kräuter,
Die ein verliebter West mit frühen Perlen tränkt:

16 Meine eigenen Gönner haben diese zwei Reimen getadelt. Sie sind also
wohl schwer zu entschuldigen. Indessen bitte ich sie zu betrachten, daß
die Gemsen in den ersten Auflagen, wenn sie schon Menschen wären, ein
tägliches Schauspiel nicht bewundern würden; daß Boileau des S. Amand
durch die Fenster sehenden Fische mit Recht lächerlich gemacht hat; und
daß endlich, wann oben am Berg die Wolken liegen, der Staubbach aber
durch seinen starken Fall einen Nebel erregt, als wovon hier die Rede ist,
der letzte Vers allerdings nach der Natur gemalt scheint. Ein Oberamts-
mann in dem Theile der Alpen, wo der hier beschriebene Staubbach ist,
hat diesen Ausdruck besonders richtig gefunden, da er ihn mit der Natur
verglichen hat; und in den schönen Wolfischen Aussichten sieht man das
in einem Nebel aufgelöste Wasser des Stroms.

Ihr werdet alles schön und doch verschieden finden
Und den zu reichen Schatz stäts graben, nie ergründen!

Wann dort der Sonne Licht durch fliehnde Nebel strahlet
Und von dem nassen Land der Wolken Thränen wischt,
Wird aller Wesen Glanz mit einem Licht bemalet,
Das auf den Blättern schwebt und die Natur erfrischt;
Die Luft erfüllet sich mit reinen Ambra-Dämpfen,[17]
Die Florens bunt Geschlecht gelinden Westen zollt;
Der Blumen scheckicht Heer scheint um den Rang zu kämpfen,
Ein lichtes Himmel-blau beschämt ein nahes Gold;
Ein ganz Gebürge scheint, gefirnisst von dem Regen,
Ein grünender Tapet, gestickt mit Regenbögen.[18]

Dort ragt das hohe Haupt am edlen Enziane[19]
Weit übern niedern Chor der Pöbel-Kräuter hin;
Ein ganzes Blumen-Volk dient unter seiner Fahne,
Sein blauer Bruder selbst bückt sich und ehret ihn.
Der Blumen helles Gold, in Strahlen umgebogen,
Thürmt sich am Stengel auf und krönt sein grau Gewand;
Der Blätter glattes Weiß, mit tiefem Grün durchzogen,
Bestrahlt der bunte Blitz von feuchtem Diamant;[20]
Gerechtestes Gesetz! daß Kraft sich Zier vermähle;
In einem schönen Leib wohnt eine schönre Seele.

Hier kriecht ein niedrig Kraut, gleich einem grauen Nebel,
Dem die Natur sein Blatt in Kreuze hingelegt;
Die holde Blume zeigt die zwei vergüldten Schnäbel,
Die ein von Amethyst gebildter Vogel trägt.[21]
Dort wirft ein glänzend Blatt, in Finger ausgekerbet,
Auf eine helle Bach den grünen Widerschein;

17 Alle Kräuter sind auf den Alpen viel wohlriechender als in den Thälern.
    Selbst diejenigen, so anderswo wenig oder nichts riechen, haben dort einen
    angenehmen saftigen Narziß-Geruch, wie die Trollblume, die Aurikeln,
    Ranunkeln und Küchen-Schellen.

18 Ist im genauesten Sinne von den hohen Bergweiden wahr, wann sie vom
    Vieh noch nie berührt worden sind.

19 *Gentiana floribus rotatis verticillatis. Enum. Helv. p. 478,* eines der grösten
    Alpen-Kräuter, und dessen Heil-Kräfte überall bekannt sind, und der blaue
    foliis amplexicaulibus floris fauce barbata. Enum. Helv. p. 473, der viel
    kleiner und unansehnlicher ist.

20 Weil sich auf den großen und etwas holen Blättern der Thau und Regen
    leicht sammlet und wegen ihrer Glättigkeit sich in lauter Tropfen bildet.

21 *Antirrhinum caule procumbente, foliis verticillatis, floribus congestis. Enum.*
    Helv. p. 624.

Der Blumen zarten Schnee, den matter Purpur färbet,
Schließt ein gestreifter Stern in weiße Strahlen ein;[22]
Smaragd und Rosen blühn auch auf zertretner Haide,[23]
Und Felsen decken sich mit einem Purpur-Kleide.[24]

Allein wohin auch nie die milde Sonne blicket,
Wo ungestörter Frost das öde Thal entlaubt,
Wird holer Felsen Gruft mit einer Pracht geschmücket,[25]
Die keine Zeit versehrt und nie der Winter raubt.
Im nie erhellten Grund von unterirdschen Grüften
Wölbt sich der feuchte Thon mit funkelndem Krystall,
Der schimmernde Krystall sprosst aus der Felsen Klüften,
Blitzt durch die düstre Luft und strahlet überall.
O Reichthum der Natur! verkriecht euch, welsche Zwerge:[26]
Europens Diamant blüht hier und wächst zum Berge![27]

Im Mittel eines Thals von Himmel-hohem Eise,
Wohin der wilde Nord den kalten Thron gesetzt,[28]
Entsprießt ein reicher Brunn mit siedendem Gebräuse,
Raucht durch das welke Gras und senget, was er netzt.
Sein lauter Wasser rinnt mit flüssigen Metallen,
Ein heilsam Eisensalz vergüldet seinen Lauf;
Ihn wärmt der Erde Gruft und seine Fluten wallen

22 *Astrantia foliis quinquelobatis lobis tripartitis. Enum. Helv. p. 439.*
23 *Ledum foliis glabris flore tubuloso. Enum. Helv. p. 417. & Ledum foliis ovatis ciliatis flore tubuloso. Enum. Helv. p. 418.*
24 *Silene acaulis. Enum. Helv. p. 375,* womit oft ganze große Felsen, wie mit einem Purpurmantel, weit und breit überzogen sind.
25 Die Krystall-Mine unweit der Grimsel, wo Stücke des vollkommensten Krystalls von etlichen Zentnern gefunden werden, dergleichen man in andern Ländern niemals gesehen hat, *Phil. Trans. Vol. XXIV.* Ich habe selbst das gröste, das damals noch gegraben worden war, a. 1733 auf den Alpen betrachtet. Es war 695 Pfund schwer. Seit diesem Stück hat man oben im Wallis ein noch größeres und bis auf zwölf Zentner wiegendes Stück Krystall gefunden.
26 Siehe die Beschreibung einer Krystall-Grube in des Herrn Sulzers Alpen-Reise. Ich vergleiche diese vortrefflichen Stücke mit den 40 und 50pfündigen, die zu den Zeiten des Augustus gefunden, als eine ungemeine Seltenheit angesehen und deswegen von diesem klugen Kaiser in die Tempel der Götter geschenkt worden sind.
27 Krystall-Blüthe heißt man allerlei Anschüsse, die um die Krystall-Gruben gemein sind.
28 Die von Natur heißen Wallis-Bäder, die in einem so kalten Thale liegen, daß das ganze beträchtliche Dorf im Winter verlassen wird und die Einwohner sich herunter in das wärmere Wallis begeben.

Vom innerlichen Streit vermischter Salze auf:
Umsonst schlägt Wind und Schnee um seine Flut zusammen,
Sein Wesen selbst ist Feur und seine Wellen Flammen.

Dort aber, wo im Schaum der Strudel-reichen Wellen[29]
Die Wuth des trüben Stroms gestürzte Wälder welzt,[30]
Rinnt der Gebürge Gruft mit unterirdschen Quellen,
Wovon der scharfe Schweiß das Salz der Felsen schmelzt.
Des Berges holer Bauch, gewölbt mit Alabaster,
Schließt zwar dieß kleine Meer in tiefe Schachten ein;
Allein sein etzend Naß zermalmt das Marmor-Pflaster,
Dringt durch der Klippen Fug und eilt, gebraucht zu sein;
Die Würze der Natur, der Länder reichster Segen
Beut selbst dem Volk sich an und strömet uns entgegen.

Aus Schreckhorns kaltem Haupt, wo sich in beide Seen[31]
Europens Wasser-Schatz mit starken Strömen theilt,
Stürzt Nüchtlands Aare sich, die durch beschäumte Höhen
Mit schreckendem Geräusch und schnellen Fällen eilt;
Der Berge reicher Schacht vergüldet ihre Hörner
Und färbt die weiße Flut mit königlichem Erzt,
Der Strom fließt schwer von Gold und wirft gediegne Körner,
Wie sonst nur grauer Sand gemeines Ufer schwärzt.[32]
Der Hirt sieht diesen Schatz, er rollt zu seinen Füßen,
O Beispiel für die Welt! er siehts und lässt ihn fließen.[33]

Verblendte Sterbliche! die, bis zum nahen Grabe,
Geiz, Ehr und Wollust stäts an eitlen Hamen hält,
Die ihr der kurzen Zeit genau gezählte Gabe
Mit immer neuer Sorg und leerer Müh vergällt,
Die ihr das stille Glück des Mittelstands verschmähet
Und mehr vom Schicksal heischt, als die Natur von euch,
Die ihr zur Nothdurft macht, worum nur Thorheit flehet:
O glaubts, kein Stern macht froh, kein Schmuck von Perlen reich!

29 Die Salz-Mine unweit Bevieux.
30 Der dabei fließende Waldstrom.
31 Der Rhodan nach dem mittelländischen Meere, die Reuß und Aare in den
    Rhein und die Nord-See.
32 Das in der Aare fließende Gold. Der Sand bestehet meist aus kleinen
    Granaten, wie Herr von Réaumur auch vom Sande des Rhodans angemerkt
    hat, und sieht deswegen fast schwarz aus.
33 In den Gebürgen wird kein Gold gewaschen, die Alpen-Leute sind zu
    reich dazu. Aber unten im Lande beschäftigen sich die ärmsten Leute um
    Aarwangen und Baden damit.

Seht ein verachtet Volk zur Müh und Armuth lachen,
Die mäßige Natur allein kann glücklich machen.

Elende! rühmet nur den Rauch in großen Städten,
Wo Bosheit und Verrath im Schmuck der Tugend gehn,
Die Pracht, die euch umringt, schließt euch in güldne Ketten,
Erdrückt den, der sie trägt, und ist nur andern schön.
Noch vor der Sonne reißt die Ehrsucht ihre Knechte
An. das verschlossne Thor geehrter Bürger hin,
Und die verlangte Ruh der durchgeseufzten Nächte
Raubt euch der späte Durst nach nichtigem Gewinn.
Der Freundschaft himmlisch Feur kann nie bei euch entbrennen,
Wo Neid und Eigennutz auch Brüder-Herzen trennen.

Dort spielt ein wilder Fürst mit seiner Diener Rümpfen,
Sein Purpur färbet sich mit lauem Bürger-Blut;
Verläumdung, Haß und Spott zahlt Tugenden mit schimpfen,
Der Gift-geschwollne Neid nagt an des Nachbarn Gut;
Die geile Wollust kürzt die kaum gefühlten Tage,
Weil um ihr Rosen-Bett ein naher Donner blitzt;
Der Geiz bebrütet Gold, zu sein und andre Plage,
Das niemand weniger, als, wer es hat, besitzt;
Dem Wunsche folgt ein Wunsch, der Kummer zeuget Kummer,
Und euer Leben ist nichts als ein banger Schlummer.

Bei euch, vergnügtes Volk, hat nie in den Gemüthern
Der Laster schwarze Brut den ersten Sitz gefasst,
Euch sättigt die Natur mit ungesuchten Gütern;
Die macht der Wahn nicht schwer, noch der Genuß verhasst;
Kein innerlicher Feind nagt unter euren Brüsten,
Wo nie die späte Reu mit Blut die Freude zahlt;
Euch überschwemmt kein Strom von wallenden Gelüsten,
Dawider die Vernunft mit eiteln Lehren prahlt.
Nichts ist, das euch erdrückt, nichts ist, das euch erhebet,
Ihr lebt immer gleich und sterbet, wie ihr lebet.

O selig! wer wie ihr mit selbst gezognen Stieren
Den angestorbnen Grund von eignen Aeckern pflügt;
Den reine Wolle deckt, belaubte Kränze zieren
Und ungewürzte Speis aus süßer Milch vergnügt;
Der sich bei Zephyrs Hauch und kühlen Wasser-Fällen,
In ungesorgtem Schlaf auf weichen Rasen streckt;
Den nie in hoher See das brausen wilder Wellen,
Noch der Trompeten Schall in bangen Zelten weckt;

Der seinen Zustand liebt und niemals wünscht zu bessern!
Das Glück ist viel zu arm, sein Wohlsein zu vergrößern.[34]

5.

Gedanken über Vernunft, Aberglauben und Unglauben

An den Herrn Professor Stähelin.

1729.

Dieses Gedicht war eine Art eines Gewettes: Mein Freund, der D. Stähelin und andere werthe Bekannte, die mir Basel zum angenehmsten Aufenthalte machten, erhoben die Engelländer und rückten mir oft das Unvermögen der deutschen Dichtkunst vor. Ich nahm die Ausforderung an, da ich mich nach einer Krankheit langsam erholte und zu keiner andern Arbeit noch die Kräfte hatte. Ich suchte in einem nach dem Englischen Geschmacke eingerichteten Gedichte darzuthun, daß die deutsche Sprache keinen Antheil an dem Mangel philosophischer Dichter hätte. Die Fehler in dem Grundriß dieses Gedichtes sind mir sonst mehr als zu bekannt. Aber sie sind noch tiefer als des Johns Fransen in das Werk selber eingewoben und können nicht anders als mit einer völligen Veränderung gebessert werden, die weit über meine jetzigen Muße und Kräfte ist.

Woher, o Stähelin! kömmt doch die Zuversicht,
Womit der schwächste Geist von hohen Dingen spricht?
Du weists, Betrug und Tand umringt die reine Wahrheit,
Verfälscht ihr ewig Licht und dämpfet ihre Klarheit!
Der Weise braucht umsonst, geführt von der Natur,
Das Bleimaaß in der Hand und die Vernunft zur Schnur;
Im Geister-Labyrinth, in scheinbaren Begriffen
Kann auch der Klügste sich in fremde Bahn vertiefen;
Und wann sein sichrer Schritt sich nie vom Pfad vergisst,
Am Ende sieht er doch, daß er im Anfang ist.

Der Pöbel hat sich nie zu denken unterwunden,[1]
Er sucht die Wahrheit nicht und hat sie doch gefunden;
Sein eigner Beifall ist sein bündigster Beweis,
Er glaubet kräftiger, je weniger er weiß.
Ihm wird der Weiseste zu schwache Stricke legen,
Er spricht ein trotzig Ja und löst sich mit dem Degen.

34 *Beatus ille qui procul negotiis. Horat. Epod. 2.*
1   In der *Tale of a Tub* des D. Swifts.

Unselig Mittel-Ding von Engeln und von Vieh![2]
Du prahlst mit der Vernunft und du gebrauchst sie nie;
Was helfen dir zuletzt der Weisheit hohe Lehren,
Zu schwach, sie zu verstehn, zu stolz, sie zu entbehren?
Dein schwindelnder Verstand, zum irren abgericht,
Sieht wohl die Wahrheit ein und wählt sie dennoch nicht;
Du bleibest stäts ein Kind, das täglich unrecht wählet,
Den Fehler bald erkennt und gleich drauf wieder fehlet;
Du urtheilst überall und forschest nie, warum,
Der Irrthum ist dein Rath und du sein Eigenthum.

Wahr ists, dem Menschen ist Verstand genug geschenket,
Sein flüchtig denken ist kaum von der Welt umschränket,
Was nimmer möglich schien, hat doch sein Witz vollbracht
Und durch die Sternen-Welt sich einen Weg erdacht.
Dem majestätschen Gang von tausend neuen Sonnen
Ist lange vom Hugen die Renn-Bahn ausgesonnen,
Er hat ihr Maaß bestimmt, den Körper umgespannt,
Die Fernen abgezählt und ihren Kreis umrannt.
Ein forschender Columb, Gebieter von dem Winde,
Besegelt neue Meer, umschifft der Erden Ründe;
Ein andrer Himmel strahlt mit fremden Sternen dort,
Und Vögel fanden nie den Weg zu jenem Bort,
Die fernen Grenzen sind vom Ocean umflossen,
Was die Natur verbarg, hat Kühnheit aufgeschlossen;
Das Meer ist seine Bahn, sein Führer ist ein Stein,
Er sucht noch eine Welt, und was er will, muß sein.

Ein neuer Prometheus bestiehlt den Himmel wieder,
Zieht Blitz und Strahl aus Staub und findt dem Donner Brüder.
Das Meer wird selbst verdrängt, sein altes Ziel entfernt,
Wo manches Schiff vergieng, wird reiches Korn geerndt.[3]
Was die Natur verdeckt, kann Menschen-Witz entblößen,
Er misst das weite Meer unendlich großer Größen,
Was vormals unbekannt und unermessen war,
Wird durch ein Ziffern-Blatt umschränkt und offenbar.
Ein Newton übersteigt das Ziel erschaffner Geister,

2 Dieses ist einer der Gedanken, den der Verfasser mit dem Pope gemein
   hat. Er ist aber einige Jahre eher von dem Schweizer als von dem Engländer
   gebraucht worden.

3 Holbeach und Suttomarsh in Lincolnshire, wo seit 100 Jahren ein großes
   Stück Landes dem Meer entrissen worden. Dergleichen Eroberungen, die
   man wider die Nordsee erhalten hat, werden je länger je gemeiner, und
   die Kunst hat eigne Regeln erfunden, wie nach und nach der Schlick ge-
   fangen und endlich zum festen Lande gemacht werden kann.

Findt die Natur im Werk und scheint des Weltbaus Meister;
Er wiegt die innre Kraft, die sich im Körper regt,
Den einen sinken macht und den im Kreis bewegt,
Und schlägt die Tafeln auf der ewigen Gesetze,
Die Gott einmal gemacht, daß er sie nie verletze.

Wohl-angebrachte Müh! gelehrte Sterbliche!
Euch selbst misskennet ihr, sonst alles wisst ihr eh!
Ach! eure Wissenschaft ist noch der Weisheit Kindheit,
Der Klugen Zeitvertreib, ein Trost der stolzen Blindheit.
Allein was wahr und falsch, was Tugend, Prahlerei,
Was falsches Gut, was ächt, was Gott und jeder sei,
Das überlegt ihr nicht; ihr dreht die feigen Blicke
Vom wahren Gute weg, nach einer Stunde Glücke!

Ein Kind ist noch ein Kraut, das an der Stange klebt,
Nicht von sich selbst besteht und nur durch andre lebt.
Darauf, wann nach und nach sein denken wird sein eigen,
Und Witz und Bosheit sich durch stärkers Werkzeug zeigen,
Wächst Geiz und Ehrsucht schon, noch weil ein Kinderspiel,
Ein Ball und schneller Reif ist seiner Wünsche Ziel.
Die Blumen-volle Zeit der immer muntern Jugend
Lebt, und ist drüber stolz, in Feindschaft mit der Tugend;
Der Wollust sanfte Glut wärmt ihr die Adern auf,
Kein Einfall von Vernunft hemmt ihrer Lüste Lauf.
Wann mit den Jahren nun auch das Erkenntniß reifet
Und der gesetzte Sinn sich endlich selbst begreifet,
Wann Tugend und Vernunft am Steuer sollten sein,
Nimmt erst die Eitelkeit die Seele völlig ein.
Da sinnt ein kluger Mann in durchgewachten Nächten
Bald das, bald jenes Amt mit schmeicheln zu erfechten.
So führet ihn die Zeit von Ehr auf Ehre hin,
Zu hoch für seine Ruh, zu tief für seinen Sinn,
Bis daß das Alter ihn mit schweren Armen fasset,
Sein Rücken vor sich fällt, sein hol Gesicht erblasset;
Sein Herz pocht schon verwirrt, sein trübes Auge bricht,
Der Lebens-Purpur stockt und jeder Saft wird dicht;
Er stirbt, den Titel wird ein Stein der Nachwelt nennen,
Sich hat er nie gekannt und nie begehrt zu kennen;
Sein Leib verfällt in Staub, sein Blut verfliegt in Rauch;
So stirbt ein großer Mann, so sterben Sklaven auch.
O Gott, der uns beseelt! wem giebst du deine Gaben?
Der Mensch gebraucht sie nicht, er schämt sich, sie zu haben!

Wir sind, und jeder ist sich gnug davon bewusst,
Ein unleugbar Gefühl bezeugts in unsrer Brust
Allein woher wir sind, und was wir werden sollen,
Hat der, der uns erschuf, nur Weisen zeigen wollen.
Hier spannt, o Sterbliche, der Seele Sehnen an,
Wo wissen ewig nutzt und irren schaden kann!
Doch, ach! ihr seid gewohnt, an was ihr seht zu denken,
Und was ihr noch nicht fühlt, lohnt nicht, euch drum zu kränken;
Thut jemand in sich selbst aus Vorwitz einen Blick,
So schielt er nur dahin und zieht sich gleich zurück;
Und wer aus steifem Sinn, mit Schwermuth wohl bewehret,
Sein forschend denken ganz in diese Tiefen kehret,
Findt oft für wahres Licht und immer helle Lust
Nur Zweifel in den Kopf und Messer in die Brust.

Doch weil der Stolz sich schämt, wann wir nicht alles wissen,
Hat der verwegne Mensch auch hier urtheilen müssen.
Er hat, weil die Vernunft ihn nur zu zweifeln lehrt,
Sich selbst geoffenbart und seinen Traum verehrt.

Zwei Glauben hat die Welt hierin sich längst erwählet,[4]
Da jeder viel verspricht und jeder weit verfehlet.
Dem einen dienet jetzt das menschliche Geschlecht,
Der Erdkreis ist sein Reich und wer drauf wohnt, sein Knecht,
Vor seinen Infuln muß der Fürsten-Stab sich legen,
Für ihn treibt man den Pflug, für ihn zieht man den Degen,
Betrug hat ihn erzeugt und Einfalt groß gemacht,
Er ist das Joch der Welt und schlauer Priester Pacht.
Wer diesen Glauben wählt, hat die Vernunft verschworen,
Dem denken abgesagt, sein Eigenthum verloren,
Er glaubet, was sein Fürst, und glaubts, weil der es glaubt,
Er kniet, wann jener kniet, und raubt, wann jener raubt;
Er weiß, so viel er hört und seine Priester leiden;
Zahlt heilig Gaukelspiel mit seinem Gut mit Freuden,
Tauscht, was er itzt besitzt, für Schätze jener Welt
Und schätzt sich seliger, je minder er behält;

---

4 Eine Satire ist nicht so sittsam als eine moralische Rede. Ich habe hier
   bloß die schlimme Seite der Menschen betrachtet, die leider auch bei
   weitem die größre ist. Die meisten Völker leben wirklich unter dem Joch
   des Aberglaubens; sie denken entweder gar nicht an die Ewigkeit, oder
   sie hoffen durch bloße gesetzliche Ceremonien oder durch theoretische
   Wahrheiten, ohne die Aenderung des Willens, sich mit Gott zu versöhnen.
   Dieses ist das wesentliche des Aberglaubens. Andre wenigere sind ungläu-
   big und leugnen entweder die Ewigkeit der Seele und die strafende Gerech-
   tigkeit Gottes oder wohl gar das wirkliche Dasein eines obersten Wesens.

So viel der Priester will und die geweihten Blätter,[5]
So vielmal theilt er Gott, so viel verehrt er Götter;
Und fähret, wann er stirbt, wohin sein Priester sagt,
Ist selig auf sein Wort, und, wann er will, geplagt.

So ists, der Menschen Sinn, durch eiteln Stolz erhöhet,
Verachtet die Natur, lobt nie, was er verstehet;
Der Tag gefällt ihm nicht, wie eines Luft-Lichts Pracht,
Der Gottheit Merkmal heißt, was ihn erstaunen macht.
Das rollende Geknall von Schwefel-reichen Dämpfen,
Die mit dem feuchten Dunst geschlossner Wolken kämpfen,
Verrückte gleich ihr Hirn, sie dachten: was uns schreckt,
Ist mächtiger als wir; so ward ein Gott entdeckt.
Der Sonne blendend Licht und immer gleich bewegen,
Ihr alles schwängernd Feur, der Quell von unserm Segen,
Schien würdig gnug zu sein vor Weihrauch und Altar,
Man fand was göttliches, wo so viel gutes war.
Die Helden güldner Zeit sind bald, nach vielen Siegen,
Durch List und Schmeichelei dem Himmel zugestiegen,
Die Welt verehrte todt, wer lebend sie verheert,
Und Babels Jupiter war eines Rades werth.
Selbst Laster durften sich den Göttern zugesellen,
Und Menschen ihre Schmach der Welt zum Beispiel stellen,
Geiz, Lügen, Ueppigkeit, und was man tadeln kann,
Saß gülden beim Altar und nahm den Weihrauch an.
Man füllte nun die Welt mit Tempeln und mit Hainen
Und die mit Göttern an. Bedeckt mit Edelsteinen,
Nahm bald der Priester auch des Pöbels Augen ein
Und wollte, wie sein Gott, von ihm verehret sein.
Drauf herrschte der Betrug, bewehrt mit falschen Zeichen,
Und musste von der Welt die scheue Freiheit weichen,
Die Wahrheit deckte sich mit tiefer Finsterniß,
Vernunft ward eine Magd und Weisheit Aergerniß;
So ließ die Vorwelt sich die Macht zum denken rauben,
Und alles bog das Knie vor schlauem Aberglauben.[6]
Erschrecklich Ungeheur! sein wüthen übersteigt
Was je des Himmels Zorn zu unser Straf erzeugt.
Im Innern Heiligthum, wohin kein Fremder schauet,

5   Die *Oljes* der Malabaren oder ihre beschriebene Palmenblätter, worauf
     ihre mythologischen Poesieen geschrieben sind.

6   Es sind Zeiten gewesen, da dieser Satz nur eine kleine Einschränkung litte.
     Zu denselben gehören die barbarischen Jahrhunderte vom zehnten bis
     zum fünfzehnten, wo nur noch wenige Menschen hier und dar in der
     grösten Bedrückung die Wahrheit suchten und liebten und der Aberglaube
     in allen Kirchen der Welt die herrschende Religion war.

Ist sein verborgner Thron, auf Wahn und Furcht gebauet;
Ihm steht mit krummem Hals die stolze Heuchelei
Und mit verlarvtem Haupt Betrug, sein Vater, bei;
Er aber füllt mit Rauch die schimmernden Gewölber,
Wo seine Gottheit wohnt, und ehrt sein Schnitzwerk selber.
Bald aber, wann, vielleicht aus unbedachtem Witz,
Der Wahrheit freie Stimm erschüttert seinen Sitz,
Füllt er sein flammend Aug mit Rach und wildem Eifer;
Sein Arm, bewehrt mit Stahl, sein Mund, beschäumt mit Geifer,
Droht Tod und Untergang; Mord, Bosheit und Verrath,
Die Diener seines Grimms, empören Kirch und Staat,
Und oftmals muß das Blut von zehen großen Reichen
Nach endlich sattem Zorn ihn mit sich selbst vergleichen:
Noch gütig, wann nur nicht zerstörter Thronen Schutt
Ihm wird zum Söhn-Altar und raucht von Königs-Blut.
Dieß ist der gröste Gott, vor dem die Welt sich bücket,
Die Götzen, die man ehrt und auf Altären schmücket,
Sind, bunten Farben gleich, nur Theile seines Lichts,
Sie selbst sind nur durch ihn und außer ihm ein nichts.
Sie sind im Wesen eins, nur an Gestalt verschieden,
Weiß unterm blanken Nord, schwarz unterm braunen Süden;
Dort grimmig, ihr Getränk ist warmes Menschen-Blut,
Hier gütig, etwas Gold versöhnet ihre Wuth.
Doch ein verwöhnt Paris, dem Argenson nicht wehret,
Zeugt so viel Diebe nicht, als Götter man verehret;
Kein Thier ist so verhasst, kein Scheusal so veracht,
Dem nicht ein Volk gedient und Bilder sind gemacht.
Den trägt hier ein Altar, der dort am Galgen hänget,[7]
Das heiße Persen ehrt die Sonne, die es senget;
Das tumme Memphis sucht im Sumpf den Krokodill
Und räuchert einem Gott, der es verschlingen will;
Noch thörichter als da, wo es die Gartenbetter
Zu heilgen Tempeln macht und düngte seine Götter.
Des bösen Wesen selbst, des Schadens alter Freund,
Hat Kirchen auf der Welt und Priester, wie sein Feind.
Entsetzlicher Betrug! vor solchen Ungeheuern
Kniet die verführte Welt und lernet Teufeln feiern.
Umsonst sieht die Vernunft des Glaubens Fehler ein,
Sobald der Priester spricht, muß Irrthum Weisheit sein;
Von dem bethörten Sinn lässt sich das Herz betrügen,
Liebt ein beglaubtes nichts und irret mit Vergnügen:
Ein angenommner Satz, den nichts als Glauben stützt,
Wird bald ein Theil von uns und auch mit Blut beschützt.

7   Garnet.

Die Alten schrieen schon, entbrannt mit heilgen Flammen:
Der ist des Todes werth, der ehrt, was wir verdammen;
Die Nachwelt, angesteckt mit ihrer Ahnen Wuth,
Pflanzt Glauben mit dem Schwert und dünget sie mit Blut.
Hat nicht die alte Welt, nur weil sie anders glaubte,
Die neue wüst gemacht? Wie manchem hohen Haupte
Hat eines Heilgen Arm den Stahl ins Herz gedrückt,
Den itzt ein Volk verehrt und auf Altären schmückt?[8]
Ein missgebrauchter Fürst taucht seine Sieges-Fahnen
In Kessel voll vom Blut getreuer Unterthanen,
Die nicht geglaubt, was er, und gern zum Tode gehn
Für einen Wörter-Streit, wovon sie nichts verstehn.
Wo Glaubens Zweitracht herrscht, stehn Brüder wider Brüder,
Das Reich zerstört sich selbst und frisset seine Glieder;
Für seines Gottes Ruhm gilt Meineid und Verrath!
Was böses ist geschehn, das nicht ein Priester that?[9]

In stiller Heimlichkeit, umzielt mit engen Schranken,
Herrscht eine zweite Lehr und wohnt in den Gedanken,
Ihr folget, wer allein auf eigne Weisheit baut,
Die Klügern ins geheim und Thoren überlaut.
Der Fürst, dem Laster nützt, den Gottes Furcht umschränket,
Der Freigeist, der sich schämt, wann er wie andre denket,
Der Weichling, dem ein Gott zu nah zur Strafe scheint,
Sind, aus verschiednem Grund, doch wider Gott vereint.
Oft deckt der Priester selbst sich mit erlernten Minen,
Sein Herz verhöhnt den Gott, dem seine Lippen dienen,
Er lächelt, wann das Volk vor Götzen niederfällt,
Die List vergöttert hat und Aberwitz erhält.
Die alle nennen Gott ein Wesen nur in Ohren,
Dem Staat zum Dienst erdacht und mächtig nur für Thoren;
Bei ihnen ist kein Zweck, kein Wesens Ursprung mehr,
Und alles hat das sein vom blinden Ungefähr.
Hier wird die Seele selbst gemessen und gewogen,
Sie muß ein Uhrwerk sein, für gleich lang aufgezogen,
Als ihr vereinter Leib das, wann er würkt, versteht,
Denkt, weil er sich bewegt, und, wann er stirbt, zergeht.
Hier sind die Tugenden, die wir am höchsten preisen,
Nur Namen ohne Kraft und Grillen blöder Weisen,
Die schlauer Stolz erzeugt, Verstellung prächtig macht,
Der leichte Pöbel ehrt und, wer sie kennt, verlacht.
Bei ihnen zeugt die Furcht der Tugend edle Triebe,

8   Garnet, Clement und andere.
9   *Quantum religio potuit suadere malorum. Lucret.*

Der Menschheit Feder ist für sie die Eigenliebe.
Wer diese Sätze glaubt, ist niemand unterthan
Und nimmt nur die Vernunft zu seinem Richter an.
Klug, wann die Wahrheit sich an sichern Zeichen kennte,
Wann nicht das Vorurtheil die schärfsten Augen blendte
Und im verwirrten Streit von Noth und Ungefähr
Vernunft die Richterin von Wahl und Zweifel wär!
O blinde Richterin! wen soll dein Spruch vergnügen,
Die oft sich selbst betrügt und öfters lässt betrügen?
Wie leicht verfehlst du doch, wenn Neigung dich bestricht!
Man glaubet, was man wünscht, das Herz legt ein Gewicht
Den leichtern Gründen bei; es fälscht der Sinne Klarheit;
Die Lüge, die gefällt, ist schöner als die Wahrheit.
Ein weicher Aristipp, der auf die Wollust geizt
Und täglich seinen Leib zu neuen Lüsten reizt,
Der keine Pflichten kennt und lebt allein zum schlemmen,
Lässt seine Lüste nicht durch Gottes Schreck-Bild hemmen,
Er leugnet, was er scheut, sperrt Gott in Himmel hin
Und lässt, wenn Gott noch ist, doch Gott nicht über ihn.
Nicht, weil zum Zweifel ihn Vernunft und Gründe leiten,
Nur, weil Gott, weil er herrscht, ihm Strafen muß bereiten.

Ein Weiser, der vielleicht mit rühmlichem Verdruß,[10]
Des Aberglaubens satt, die Wahrheit suchen muß,
Hasst alles Vorurtheil und sucht, aus wahren Gründen,
Beim Licht von der Vernunft sich in sich selbst zu finden.
Im Anfang führet ihn sein forschender Verstand
Nah zu der Wesen Grund und weit vom Menschen-Tand,
Bis, wann er itzt entfernt von irdischen Begriffen,
Im weiten Ocean der Gottheit wagt zu schiffen,
Vernunft, der Leitstern, fehlt und er aus Blindheit irrt,
Ein falsches Licht ihn führt und seinen Lauf verwirrt
Er selbst im trüben Tag, den falsches Licht erheitert,
Sich nach den Klippen lenkt und endlich plötzlich scheitert.
Der arme Weise sinkt im Schlamm des Zweifels ein,
Er kennt sich selbst nicht mehr, sieht in der Welt nur Schein,

10 Ein kluger Mann, der in einem Lande, wo ein falscher Glaube herrscht,
vom wahren keine Nachricht haben kann, ein Japoneser, ein Einwohner
einer östlichen Insul, wohin keine europäische Nation einen Zugang hat;
auch wohl ein solcher, der in einer irrenden und abergläubischen Kirche
erzogen, mit Vorurtheilen eingeschränkt und mit tausend Hindernissen,
die reine Wahrheit der Offenbarung einzusehen, umgeben ist, ob ihm
wohl das natürliche Licht die Thorheit seiner angebornen Religion ent-
deckt. Diese Leute sind bekanntermaßen in der mächtigsten Kirche der
Welt sehr häufig und fast täglich zahlreicher anzutreffen.

Hält sich für einen Traum, die Sinnen für Betrüger,
Verwirft, was jeder glaubt, und glaubt sich desto klüger,
Je weniger er weiß; der Gottheit helles Licht
Durchstrahlt den dunkeln Dunst verblendter Weisheit nicht;
Die Stimme der Natur ruft allzu schwach dem Tauben,
Wer zweifelt, ob er ist, kann keinen Schöpfer glauben.

Unseliges Geschlecht, das nichts aus Gründen thut!
Dein wissen ist Betrug und Tand dein höchstes Gut.
Du fehlst, so bald du glaubst, und fällst, so bald du wanderst,
Wir irren allesammt, nur jeder irret anderst.
So wie, wann das Gesicht gefärbtem Glase traut,
Ein jeder, was er sieht, mit fremden Farben schaut;
Nur sieht der eine falb und jener etwas gelber;
Der eine wird verführt, und der verführt sich selber;
Der glaubt an ein Gedicht und jener eignem Tand;
Den macht die Tummheit irr und den zu viel Verstand;
Der hofft ein künftig Glück und lebt darum nicht besser;
Und jenes Unglück wird durch seine Tugend größer;
Der Pöbel ist nicht weis, und Weise sind nicht klug,
So weit die Welt sich streckt, herrscht Elend und Betrug:
Nur daß der eine still, der andre rasend glaubet,
Der sich allein die Ruh und jener andern raubet.
Und du, mein Stähelin! was hast du dir erwählt,
Da glauben oft verführt und zweifeln immer quält?

Viel Irrthum hat der Mensch sich selber zugezogen:
Er ist, der Erde war, dem Himmel zugeflogen,
Wohin Vernunft nicht reicht, hat Stolz sich hingetraut,
Was an der Welt ihm fehlt, aus eignem Witz erbaut,
Die Schranken eng geschätzt, worin er denken sollen,
Und draußen fallen eh, als drinnen stehen wollen.

Wie Gott die Ewigkeit erst einsam durchgedacht,
Warum einst, und nicht eh, er eine Welt gemacht;
Was unser Geist sonst war, eh ihn ein Leib bekleidet;
Und wie er soll bestehn, wann alles von ihm scheidet;
Wie erst ein ewig nichts in uns zum etwas ward;
Wie denken erst begann und Wesen fremder Art
Der Seele Werkzeug sind; wie sich die weiten Kreise
Der anfangslosen Daur gehemmt in ihrer Reise
Und ewig ward zur Zeit; und wie ihr seichter Fluß
Im Meer der Ewigkeit sich einst verlieren muß:
Das soll ich nicht verstehn und kein Geschöpfe fragen;
Es möge sich mein Feind mit solchem Vorwitz plagen!

Genug, es ist ein Gott; es ruft es die Natur,
Der ganze Bau der Welt zeigt seiner Hände Spur.
Den unermessnen Raum, in dessen lichten Höhen
Sich tausend Welten drehn und tausend Sonnen stehen,
Erfüllt der Gottheit Glanz. Daß Sterne sonder Zahl
Mit immer gleichem Schritt und ewig hellem Strahl,
Durch ein verdeckt Gesetz vermischt und nicht verwirret,
In eignen Kreisen gehn und nie ihr Lauf verirret,
Macht ihres Schöpfers Hand; sein Will ist ihre Kraft,
Er theilt Bewegung, Ruh und jede Eigenschaft
Nach Maaß und Absicht aus. Kein Stein bedeckt die Erde,
Wo Gottes Weisheit nicht in Wundern thätig werde;
Kein Thier ist so gering, du weists, o Stähelin!
Es zielt doch jeder Theil nach seinem Zwecke hin:
Ein unsichtbar Geflecht von zärtlichen Gefässen,
Nach mehr als Menschen Kunst gebildet und gemessen,
Führt den bestimmten Saft in stätem Kreis-Lauf fort,
Verschieden überall und stäts an seinen Ort;
Nichts stört des andern thun, nichts füllt des andern Stelle,
Nichts fehlt, nichts ist zu viel, nichts ruht, nichts läuft zu schnelle;
Ja, in dem Samen schon, eh er das Leben haucht,
Sind Gänge schon gehölt, die erst das Thier gebraucht;
Der Mensch, vor dessen Wort sich soll die Erde bücken,
Ist ein Zusammenhang von eitel Meister-Stücken;
In ihm vereinigt sich der Körper Kunst und Pracht,
Kein Glied ist, das ihn nicht zum Herrn der Schöpfung macht.

Doch geh durchs weite Reich, das Gottes Hand gebauet,
Wo hier in holder Pracht, vom Morgen-roth bethauet,
Die junge Rose glüht und dort im Bauch der Welt
Ein unreif Gold sich färbt und wächst zu künftgem Geld:
Du wirst im Raum der Luft und in des Meeres Gründen
Gott überall gebildt und nichts als Wunder finden.

Mehr find ich nicht in mir, Gott, der in allem strahlt,[11]
Hat in der Gnade sich erst deutlich abgemalt;
Vernunft kann, wie der Mond, ein Trost der dunkeln Zeiten,
Uns durch die braune Nacht mit halbem Schimmer leiten;
Der Wahrheit Morgen-roth zeigt erst die wahre Welt,
Wann Gottes Sonnen-Licht durch unsre Dämmrung fällt.
Zu stammelnd für den Schall geoffenbarter Lehren
Soll die Vernunft hier Gott mit eignem lallen ehren.
Sie führt uns bis zu Gott, mehr ist ein Ueberfluß.

11 Diese acht Verse stehen nicht in der ersten Auflage.

Nichts wissen macht uns tumm, viel forschen nur Verdruß.
Was hilft es, Himmel an mit schwachen Schwingen fliegen,
Der Sonne Nachbar sein und dann im Meere liegen?
Vergnügung geht vor Witz; auch Weisheit hält ein Maaß,
Das Thoren niedrig dünkt und Newton nicht vergaß.
Wer will, o Stähelin! ist Meister des Geschickes,
Zufriedenheit war stäts die Mutter wahres Glückes.
Wir haben längst das nichts von Menschen-Witz erkennt,
Das Herz von Eitelkeit, den Sinn von Tand getrennt;
Laß albre Weisen nur, was sie nicht fühlen, lehren,
Die Seligkeit im Mund und Angst im Herzen nähren,
Uns ist die Seelen-Ruh und ein gesundes Blut,
Was Zeno nur gesucht, des Lebens wahres Gut;
Uns soll die Wissenschaft zum Zeitvertreibe dienen,
Für uns die Gärten blühn, für uns die Wiesen grünen;
Uns dienet bald ein Buch und bald ein kühler Wald,
Bald ein erwählter Freund, bald wir zum Unterhalt;
Kein Glück verlangen wir, ein Tag soll allen gleichen,
Das Leben unvermerkt und unbekannt verstreichen;
Und, ist der Leib nur frei von siecher Glieder Pein,
Soll uns das Leben lieb, der Tod nicht schrecklich sein!
O! daß der Himmel mir das Glück im Tode gönnte,
Daß meine Asche sich mit deiner mischen könnte!

6.

Die Falschheit menschlicher Tugenden

An den Herrn Prof. Stähelin.

1730.

Der Ursprung dieses Gedichtes ist demjenigen gleich, der das fünfte
veranlasst hat. Es ist auch eben in einer Krankheit gemacht worden,
die mich eine Zeit lang von andern Arbeiten abhielt. Der Grund-Riß
ist deutlicher, aber die Verse schwächer.

Geschminkte Tugenden, die ich zu lang erhob,
Scheint nur dem Pöbel schön und sucht der Thoren Lob!
Bedeckt schon euer nichts die Larve der Geberden,
Ich will ein Menschen-Feind, ein Swift, ein Hobbes werden
Und bis ins Heiligthum, wo diese Götzen stehn,
Die Wahn und Tand bewacht, mit frechen Schritten gehn!

Ihr füllt, o Sterbliche! den Himmel fast mit Helden;
Doch lasst die Wahrheit nur von ihren Thaten melden!
Vor ihrem reinen Licht erblasst der falsche Schein,
Und wo ein Held sonst stund, wird itzt ein Sklave sein.

Wann Völker einen Mann sich einst zum Abgott wählen,
Da wird kein Laster sein und keine Tugend fehlen;
Die Nachwelt bildet ihn der Gottheit Muster nach
Und gräbt in Marmorstein, was er im Scherze sprach.
Umsonst wird wider ihn sein eigen Leben sprechen,
Die Fehler werden schön und Tugend strahlt aus Schwächen.
Zwar viele haben auch den frechen Leib gezähmt,
Und mancher hat sich gar ein Mensch zu sein geschämt:
Ein frommer Simeon wurd alt auf einer Säule,[1]
Sah auf die Welt herab und that was kaum die Eule;
Ein Caloyer verscherzt der Menschen Eigenthum,[2]
Verbannt sein klügstes Glied und wird aus Andacht stumm;
Assisens Engel löscht im Schnee die wilde Hitze,[3]
Sein heißer Eifer tilgt, bis in der Geilheit Sitze,
Des Uebels Werkzeug aus, und was auf jedem Blatt
Für Thaten Surius mit roth bezeichnet hat.[4]
Allein was hilft es doch, sich aus der Welt verbannen?
Umsonst, o Stähelin! wird man sich zum Tyrannen,
Wann Laster, die man hasst, vor größern Lastern fliehn,
Und wo man Mohn getilgt, itzt Lölch und Drespe blühn.
Wir achten oft uns frei, wann wir nur Meister ändern,
Wir schelten auf den Geiz und werden zu Verschwendern.
Der Mensch entflieht sich nicht; umsonst erhebt er sich,
Des Körpers schwere Last zieht an ihm innerlich;
So, wann der rege Trieb in halb-bestrahlten Sternen
Von ihrem Mittel-Punkt sie zwingt sich zu entfernen,
Ruft sie von ihrer Flucht ein ewig starker Zug
Ins enge Gleis zurück und hemmt den frechen Flug.

Geht Menschen, schnitzt nur selbst an euren Götzen-Bildern,
Lasst Gunst und Vorurtheil sie nach belieben schildern,
Erzählt was sie vollbracht und was sie nicht gethan,

1 Simeon Stylites, dessen wunderlichen vieljährigen Aufenthalt auf einer
 Säule der Aberglaube als etwas großes angesehen hat. Die Absicht des
 Mannes mag gut gewesen sein, aber sie streitet sowohl wider das Exempel
 der Apostel als wider ihr Gebot.
2 Griechische Priester, die oft aus einem Gelübde das Reden verschwören.
3 Franciscus von Assisio, der Bilder aus Schnee ballte und umarmte.
4 Einer von den Beschreibern der fabelhaften Leben römischer Heiligen.

Und was nur Ruhm verdient, das rechnet ihnen an:
Das Laster kennet sich auch in der Tugend Farben,
Wo Wunden zugeheilt, erkennt man doch die Narben.
Wo ist er? zeiget ihn, der Held, der Menschheit Pracht,
Den die Natur nicht kennt und euer Hirn gemacht?
Wo sind die Heiligen von unbeflecktem Leben,
Die Gott den Sterblichen zum Muster dargegeben?
Viel Menschheit hänget noch den Kirchen-Engeln an,
Die Aberglaube deckt, Vernunft nicht dulden kann!
Traut nicht dem schlauen Blick, den demuthsvollen Minen!
Den Dienern aller Welt soll doch die Erde dienen.
War nicht ein Priester stäts des Eigensinnes Bild,
Der Götter-Sprüche redt und, wenn er fleht, befiehlt?
Trennt nicht die Kirche selbst sich über dem Kalender?
Des Abends Heiliger verbannt die Morgenländer,
Lässt Infuln im Gefecht des Gegners Infuln dräun[5]
Und dringt auf Märterer mit Märtrern feindlich ein.
Den Bann vom Niedergang zerblitzt der Bann aus Norden,[6]
Die Kirche, Gottes Sitz, ist oft ein Kampfplatz worden,
Wo Bosheit und Gewalt Vernunft und Gott vertrieb
Und mit der Schwächern Blut des Zweispalts Urtheil schrieb.
Grausamer Wüterich, verfluchter Ketzer-Eifer!
Dich zeugte nicht die Höll aus Cerbers gelbem Geifer,
Nein, Heilge zeugten dich, du gährst in Priester-Blut,
Sie lehren nichts als Lieb und zeigen nichts als Wuth.
Seitdem ein Pabst geherrscht und sich ein Mensch vergöttert,
Hat nicht der Priester Zorn, was ihm nicht wich, zerschmettert?[7]
Wer hat Tolosens Schutt in seinem Blut ersäuft
Und Priestern einen Thron von Leichen aufgehäuft?

5   *Adversas aquilas et pila minantia pilis.*

6   Pabst Victor hatte mit den asiatischen Kirchen einen Streit wegen des
    Oster-Fests. Wegen seines ärgerlichen Verbannens aber ließ Irenäus von
    Lion einen scharfen Brief an den römischen Bischof abgehen, worin er
    ihm mehrere Mäßigung anbefahl. Es geht übrigens die ganze Absicht
    dieses jugendlichen Eifers bloß auf die hitzigen Heiligen der verfolgenden
    Kirche und zielt auf die protestantische Geistlichkeit um so weniger, je
    gewisser es ist, daß sie ihr Ansehen und ihre Vorzüge bei der Glaubens-
    Verbesserung nicht nur willig, sondern aus eigenem Trieb und ohne der
    Laien Zumuthen nur allzu freigebig von sich gegeben hat.

7   Hier mangeln etliche Zeilen, worin die allzu große Heftigkeit Justinians
    und anderer orientalischen Kaiser wider die Heiden, Arianer und andre
    Irrgläubige getadelt wird, und die eben nicht poetisch sind.

Den Blitz hat Dominic auf Albis Fürst erbeten[8]
Und selbst mit Montforts Fuß der Ketzer Haupt ertreten.

Doch tadl ich nur vielleicht und bin aus Vorsatz hart,
Und die Vollkommenheit ist nicht der Menschen Art:
Genug, wann Fehler sich mit größrer Tugend decken;
Die Sonne zeugt das Licht und hat doch selber Flecken.

Allein, wie, wann auch das, was ihren Ruhm erhöht,
Der Helden schöner Theil durch falschen Schein besteht?
Wann der Verehrer Lob sich selbst auf Schwachheit gründet
Und, wo der Held soll sein, man noch den Menschen findet?
Stützt ihren Tempel schon der Beifall aller Welt,
Die Wahrheit stürzt den Bau, den eitler Wahn erhält.

Wie gut und böses sich durch enge Schranken trennen,
Was wahre Tugend ist, wird nie der Pöbel kennen.
Kaum Weise sehn die March, die beide Reiche schließt,
Weil ihre Gränze schwimmt und in einander fließt.
Wie an dem bunten Taft, auf dem sich Licht und Schatten,
So oft er sich bewegt, in andre Farben gatten,
Das Auge sich misskennt, sich selber niemals traut
Und bald das rothe blau, bald roth, was blau war, schaut,
So irrt das Urtheil oft. Wo findet sich der Weise,
Der nie die Tugend haß und nie das Laster preise?
Der Sachen lange Reih, der Umstand, Zweck und Grund
Bestimmt der Thaten Werth und macht ihr Wesen kund.
Der grösten Siege Glanz kann Eitelkeit zernichten;
Der Zeiten Unbestand verändert unsre Pflichten,
Was heute rühmlich war, dient morgen uns zur Schmach,
Ein Thor sagt lächerlich, was Cato weislich sprach.
Dieß weiß der Pöbel nicht, er wird es nimmer lernen,
Die Schale hält ihn auf, er kömmt nicht zu den Kernen;
Er kennet von der Welt, was außen sich bewegt,
Und nicht die innre Kraft, die heimlich alles regt.
Sein Urtheil baut auf Wahn, es ändert jede Stunde,
Er sieht durch andrer Aug und spricht aus fremdem Munde.
Wie ein gefärbtes Glas, wodurch die Sonne strahlt,
Des Auges Urtheil täuscht und sich in allem malt,
So thut die Einbildung; sie zeigt uns, was geschiehet,
Nicht, wie es wirklich ist, nur so, wie sie es stehet,
Legt den Begriffen selbst ihr eigen Wesen bei,

8   Die Geschichte der unterdrückten Albigenser und des unrechtmäßig seiner
    Lande entsetzten Raimunds von Toulouse wird jedermann bekannt sein.

Heißt gleissen Frömmigkeit und Andacht Heuchelei.
Ja selbst des Vaters Wahn kann nicht mit ihm versterben,
Er lässt mit seinem Gut sein Vorurtheil den Erben;
Verehrung, Haß und Gunst flößt mit der Milch sich ein,
Des Ahnen Aberwitz wird auch des Enkels sein.
So richtet alle Welt, so theilt man Schmach und Ehre,
Und dann, o Stähelin, nimm ihren Wahn zur Lehre!
Durch den erstaunten Ost geht Xaviers Wunder-Lauf,
Stürzt Nipons Götzen um, und seine stellt er auf;
Bis daß, dem Amida noch Opfer zu erhalten,
Die frechen Bonzier des Heilgen Haupt zerspalten:
Er stirbt, sein Glaube lebt und unterbaut den Staat,
Der ihn aus Gnade nährt, mit Aufruhr und Verrath.
Zuletzt erwacht der Fürst und lässt zu nassen Flammen[9]
Die Feinde seines Reichs mit spätem Zorn verdammen;
Die meisten tauschen Gott um Leben, Gold und Ruh,
Ein Mann von tausenden schließt kühn die Augen zu;
Stürzt sich in die Gefahr, geht muthig in den Ketten,
Steift den gesetzten Sinn und stirbt zuletzt im beten.
Sein Name wird noch blühn, wann, lange schon verweht,
Des Märtrers Asche sich in Wirbel-Winden dreht;
Europa stellt sein Bild auf schimmernde Altäre
Und mehrt mit ihm getrost der Seraphinen Heere.
Wann aber ein Huron im tiefen Schnee verirrt,
Bei Erries langem See zum Raub der Feinde wird,[10]
Wann dort sein Holz-Stoß glimmt und, satt mit ihm zu leben,
Des Weibes tödtlich Wort sein Unheil ihm gegeben,
Wie stellt sich der Barbar? wie grüßt er seinen Tod?
Er singt, wann man ihn quält, er lacht, wann man ihm droht;
Der unbewegte Sinn erliegt in keinen Schmerzen,
Die Flamme, die ihn sengt, dient ihm zum Ruhm und scherzen.
Wer stirbt hier würdiger? ein gleicher Helden-Muth
Bestrahlet beider Tod und wallt in beider Blut;
Doch Tempel und Altar bezahlt des Märtrers Wunde,
Canadas nackter Held stirbt von dem Tod der Hunde!
So viel liegt dann daran, daß, wer zum Tode geht,
Geweihte Worte spricht, wovon er nichts versteht.

9 Die gröste Pein, die man den Christen anthat, war eine überaus heiße
   Quelle, in welche man die Märtyrer so oft hinunter ließ, bis sie starben
   oder den Glauben verleugneten. Man muß im übrigen diese unwissenden
   Märtyrer einer nur halb dem Christenthume ähnlichen Lehre nicht mit
   den Blutzeugen Christi verwechseln.

10 Ein See, an dem die Irocker wohnen, der Huronen Erbfeinde.

Doch nein, der Outchipoue thut mehr als der Bekehrte,[11]
Des Todes Ursach ist das Maaß von seinem Werthe.
Den Märtrer trifft der Lohn von seiner Uebelthat;
Wer seines Staats Gesetz mit frechen Füßen trat,
Des Landes Ruh gestört, den Gottesdienst entweihet,
Dem Kaiser frech geflucht, der Aufruhr Saat gestreuet,
Stirbt, weil er sterben soll; und ist dann der ein Held,
Der am verdienten Strick noch prahlt im Galgen-Feld?
Der aber, der am Pfahl der wilden Onontagen[12]
Den unerschrocknen Geist bläst aus in tausend Plagen,
Stirbt, weil sein Feind ihn würgt, und nicht für seine Schuld,
Und in der Unschuld nur verehr ich die Geduld!

Wann dort ein Büßender, zerknirscht in heilgen Wehen,
Die Sünden, die er that, und die er wird begehen,
Mit scharfen Geiseln straft, mit Blut die Stricke malt
Und vor dem ganzen Volk mit seinen Streichen prahlt:
Da ruft man Wunder aus, die Nachwelt wird noch sagen,
Was Lust er sich versagt, was Schmerzen er vertragen.
Wie aber, wann im Ost der reinliche Brachmann
Mit Koth die Speisen würzt und Wochen fasten kann?
Wann Ströme seines Bluts aus breiten Wunden fließen,
Die seine Reu gemacht, und oft der Tod muß büßen,
Was Rom um Geld erlässt, wann nackt und unbewegt,
Er Jahre lang den Strahl der hohen Sonne trägt
Und den gestrupften Arm lässt ausgestreckt erstarren?
Wie heißen wir den Mann? Betrüger oder Narren!

11 Das tapferste der Nord-Amerikanischen Völker (La Hontan). Man giebt
    dem Gefangenen ein Weib von irgend einem Erschlagenen. Will sie ihn
    behalten, so ist öfters sein Leben gerettet, und er wird sogar unter das
    sieghafte Volk aufgenommen. Verurtheilt sie ihn zum Tode, so ists um
    ihn geschehen, und sie ist die erste, an seinen zerfleischten Gliedern sich
    zu sättigen.
12 Eines der fünf Völker der Mohocks oder Iroquois. Ich rede nur von den
    Märtyrern einer mächtigen Kirche, die allerdings öfters mit einem uner-
    schrockenen Muth die angenommene Lehre mit ihrem Tode versiegelt
    haben. Die gleichen Märtyrer aber, und zwar hauptsächlich in einem be-
    kannten Orden, haben gegen die Protestanten solche unverantwortliche
    Maßregeln gerathen, gebraucht und gelehrt, daß es unmöglich ist, zu
    glauben, der Gott der Liebe brauche Menschen von solchen Grundsätzen
    zu Zeugen der Wahrheit. Das erste, was er befiehlt, ist Liebe. Das erste,
    was diese Leute lehren, ist Haß, Strafe, Mord, Inquisition, Bartholomäus-
    tage, Dragoner, Clements, Castelle und Ravaillake.

Wann in Iberien ein ewiges Gelübd
Mit Ketten von Demant ein armes Kind umgibt,
Wann die geweihte Braut ihr Schwanen-Lied gesungen
Und die gerühmte Zell die Beute nun verschlungen,
Wie jauchzet nicht das Volk und ruft, was rufen kann:[13]
Das Weib hört auf zu sein, der Engel fängt schon an!
Ja stoßt, es ist es werth, in prahlende Trompeten,
Verbergt der Tempel Wand mit persischen Tapeten,
Euch ist ein Glück geschehn, dergleichen nie geschah,
Die Welt verjüngt sich schon, die güldne Zeit ist nah!
Gesetzt, daß ungefühlt in ihr die Jugend blühet
Und nur der Andacht Brand in ihren Adern glühet;
Daß kein verstohlner Blick in die verlassne Welt
Mit sehnender Begier zu spät zurücke fällt;
Daß immer die Vernunft der Sinnen Feuer kühlet
Und nur ihr eigner Arm die reine Brust befühlet;
Gesetzt, was niemals war, daß Tugend wird aus Zwang:
Was jauchzt das eitle Volk? wen rühmt sein Lobgesang?
Doch wohl, daß List und Geiz des Schöpfers Zweck verdrungen,
Was er zum lieben schuf, zur Wittwenschaft gezwungen,
Den vielleicht edlen Stamm, den er ihr zugedacht,
Noch in der Blüth erstickt und Helden umgebracht;
Daß ein verführtes Kind in dem erwählten Orden
Sich selbst zur Ueberlast und andern unnütz worden!
O ihr, die die Natur auf bessre Wege weist,
Was heißt der Himmel dann, wann er nicht lieben heißt?
Ist ein Gesetz gerecht, das die Natur verdammet?
Und ist der Brand nicht rein, wann sie uns selbst entflammet?
Was soll der zarte Leib, der Glieder holde Pracht?
Ist alles nicht für uns und wir für sie gemacht?
Den Reiz, der Weise zwingt, dem nichts kann widerstreben,
Der Schönheit ewig Recht, wer hat es ihr gegeben?
Des Himmels erst Gebot hat keusche Huld geweiht,
Und seines Zornes Pfand war die Unfruchtbarkeit:
Sind dann die Tugenden den Tugenden entgegen?
Der alten Kirche Fluch wird bei der neuen Segen.

»Fort, die Trompete schallt! der Feind bedeckt das Feld,
Der Sieg ist, wo ich geh, folgt, Brüder!« ruft ein Held.
Nicht furchtsam, wann vom Blitz aus schmetternden Metallen
Ein breit Gefild erbebt und ganze Glieder fallen,
Er steht, wann wider ihn das strenge Schicksal ficht,
Fällt schon der Leib durchbohrt, so fällt der Held noch nicht.

13 Worte des heiligen Hieronymi.

Er schätzt ein tödtlich Blei als wie ein Freudenschießen,
Sein Auge sieht gleich frei sein Blut und fremdes fließen;
Der Tod lähmt schon sein Herz, eh daß sein Muth erliegt,
Er stirbet allzu gern, wann er im sterben siegt.
O Held, dein Muth ist groß, es soll, was du gewesen,
Auf ewigem Porphyr die letzte Nachwelt lesen!
Allein, wann auf dem Harz, nun lang genug gequält,
Ein aufgebrachtes Schwein zuletzt den Tod erwählt,
Die dicken Borsten sträubt, die starken Waffen wetzet
Und wüthend übern Schwarm entbauchter Hunde setzet,
Oft endlich noch am Spieß, der ihm sein Herz-Blut trinkt,
Den kühnen Feind zerfleischt und, satt von Rache, sinkt:
Ist hier kein Helden-Muth? wer baut dem Hauer Säulen? –
Die Jäger werden ihn mit ihren Hunden theilen.

Wer ist der weise Mann, der dort so einsam denkt
Und den verscheuten Blick zur Erde furchtsam senkt?
Ein längst verschlissen Tuch umhüllt die rauhen Lenden,
Ein Stück gebettelt Brod und Wasser aus den Händen
Ist alles, was er wünscht, und Armuth sein Gewinn;
Er ist nicht für die Welt, die Welt ist nichts für ihn.
Nie hat ein glänzend Erzt ihm einen Blick entzogen,
Nie hat den gleichen Sinn ein Unfall überwogen,
Ihm wischt kein schönes Bild die Runzeln vom Gesicht,
An seinen Thaten beißt der Zahn der Missgunst nicht;
Sein Sinn, versenkt in Gott, kann nicht nach Erde trachten,
Er kennt sein eigen nichts, was soll er andrer achten?
Der Tugend ernste Pflicht ist ihm ein Zeitvertreib,
Der Himmel hat den Sinn, die Erde nur den Leib.
O Heiliger, geht schon dein Ruhm bis an die Sterne,
Flieh den Diogenes und fürchte die Laterne! –
Ach, kennte doch die Welt das Herz so wie den Mund!
Wie wenig gleichen oft die Thaten ihrem Grund!
Du beugst den Hals umsonst, die Ehre, die du meidest,
Die Ehr ist doch der Gott, für den du alles leidest:[14]
Wie Surena den Sieg, suchst du den Ruhm im fliehn,
Ein stärker Laster heißt dich, schwächern dich entziehn,
Und wer sich vorgesetzt, ein Halbgott einst zu werden,
Der baut ins künftige, der hat nichts mehr auf Erden,
Ihm streicht der eitle Ruhm der Tugend Farben an,
Was heischt der Himmel selbst, das nicht ein Heuchler kann?

14 Feld-Herr der Parthen, wie sie das römische Heer unter dem unglücklichen
   Crassus schlugen.

Versenkt im tiefen Traum nachforschender Gedanken,
Schwingt ein erhabner Geist sich aus der Menschheit Schranken.
Seht den verwirrten Blick, der stets abwesend ist
Und vielleicht itzt den Raum von andern Welten misst;
Sein stäts gespannter Sinn verzehrt der Jahre Blüthe,
Schlaf, Ruh und Wollust fliehn sein himmlisches Gemüthe.[15]
Wie durch unendlicher verborgner Zahlen Reih
Ein krumm geflochtner Zug gerecht zu messen sei;
Warum die Sterne sich an eigne Gleise halten;
Wie bunte Farben sich aus lichten Strahlen spalten;
Was für ein innrer Trieb der Welten Wirbel dreht;
Was für ein Zug das Meer zu gleichen Stunden bläht;
Das alles weiß er schon: er füllt die Welt mit Klarheit,
Er ist ein stäter Quell von unerkannter Wahrheit.
Doch, ach, es lischt in ihm des Lebens kurzer Tacht,
Den Müh und scharfer Witz zu heftig angefacht!
Er stirbt, von wissen satt, und einst wird in den Sternen
Ein Kenner der Natur des Weisen Namen lernen.
Erscheine, großer Geist, wann in dem tiefen nichts
Der Welt Begriff dir bleibt und die Begier des Lichts,
Und laß von deinem Witz, den hundert Völker ehren,
Mein lehr-begierig Ohr die letzten Proben hören!
Wie unterscheidest du die Wahrheit und den Traum?
Wie trennt im Wesen sich das feste von dem Raum?
Der Körper rauhen Stoff, wer schränkt ihn in Gestalten,
Die stäts verändert sind und doch sich stäts erhalten?
Den Zug, der alles senkt, den Trieb, der alles dehnt,
Den Reiz in dem Magnet, wonach sich Eisen sehnt,
Des Lichtes schnelle Fahrt, die Erbschaft der Bewegung,
Der Theilchen ewig Band, die Quelle neuer Regung,
Dieß lehre, großer Geist, die schwache Sterblichkeit,
Worin dir niemand gleicht und alles dich bereut!
Doch suche nur im Riß von künstlichen Figuren,
Beim Licht der Ziffer-Kunst, der Wahrheit dunkle Spuren;
Ins innre der Natur dringt kein erschaffner Geist,
Zu glücklich, wann sie noch die äußre Schale weist?
Du hast nach reifer Müh und nach durchwachten Jahren
Erst selbst, wie viel uns fehlt, wie nichts du weist, erfahren!
»Die Welt, die Cäsarn dient, ist meiner nicht mehr werth,«
Ruft seines Romes Geist und stürzt sich in sein Schwert.
Nie hat den festen Sinn das Ansehn großer Bürger,
Der Glanz von theurem Erzt, der Dolch erkaufter Würger,
Von seines Landes Wohl, vom bessern Theil getrannt:

---

15 Newton hat keine Weibsperson berührt.

In ihm hat Rom gelebt, er war das Vaterland.
Sein Sinn war ohne Lust, sein Herz war sonder Schrecken,
Sein Leben ohne Schuld, sein Nachruhm ohne Flecken,
In ihm verneute sich der alte Helden-Muth,
Der alles für sein Land, nichts für sich selber thut;
Ihn daurte nie die Wahl, wann Recht und Glücke kriegten,
Den Cäsar schützt das Glück und Cato die Besiegten.
Doch fällt vielleicht auch hier die Tugend-Larve hin,
Und seine Großmuth ist ein stolzer Eigensinn,
Der nie in fremdem Joch den steifen Nacken schmieget,
Dem Schicksal selber trotzt und eher bricht als bieget;
Ein Sinn, dem nichts gefällt, den keine Sanftmuth kühlt,
Der sich selbst alles ist und niemals noch gefühlt.

Wie? hat dann aus dem Sinn der Menschen ganz verdrungen,
Die scheue Tugend sich den Sternen zugeschwungen?
Verlässt des Himmels Aug ein schuldiges Geschlecht?
Von so viel tausenden ist dann nicht einer ächt?
Nein, nein, der Himmel kann, was er erschuf, nicht hassen;
Er wird der Güte Werk dem Zorn nicht überlassen:
So vieler Weisen Wunsch, der Zweck so vieler Müh,
Die Tugend, wohnt in uns und niemand kennet sie.
Des Himmels schönstes Kind, die immer gleiche Tugend,
Blüht in der holden Pracht der angenehmsten Jugend;
Kein finstrer Blick umwölkt der Augen heiter Licht,
Und wer die Tugend hasst, der kennt die Tugend nicht.
Sie ist kein Wahl-Gesetz, das uns die Weisen lehren,
Sie ist des Himmels Ruf, den reine Herzen hören;
Ihr innerlich Gefühl beurtheilt jede That,
Warnt, billigt, mahnet, wehrt und ist der Seele Rath.
Wer ihrem Winke folgt, wird niemals unrecht wählen,
Er wird der Tugend nie, noch ihm Vergnügen fehlen;
Nie stört sein Gleichgewicht der Sinne gäher Sturm,
Nie untergräbt sein Herz bereuter Laster Wurm;
Er wird kein scheinbar Glück um würklichs Elend kaufen
Und nie durch kurze Lust in langes Unglück laufen;
Ihm ist Gold, Ruhm und Lust wie bei des Obsts Genuß,
Gesund bei kluger Maaß, ein Gift beim Ueberfluß.
Der Menschen letzte Furcht wird niemals ihn entfärben,
Er hätte gern gelebt und wird nicht ungern sterben.

Von dir, selbst-ständigs Gut, unendlichs Gnaden-Meer,
Kommt dieser innre Zug, wie alles gute, her!
Das Herz folgt unbewusst der Würkung deiner Liebe,
Es meinet frei zu sein und folget deinem Triebe;

Unfruchtbar von Natur, bringt es auf den Altar
Die Frucht, die von dir selbst in uns gepflanzet war.
Was von dir stammt ist ächt und wird vor dir bestehen
Wann falsche Tugend wird, wie Blei im Test, vergehen
Und dort für manche That, die itzt auf äußern Schein
Die Welt mit Opfern zahlt, der Lohn wird Strafe sein!

7.

Die Tugend

Ode an den Herrn Hofrath Drollinger.

1729.

Ich habe bei diesem kleinen Gedichte nicht viel zu sagen. Damals war
dieses Silbenmaaß etwas ungewöhnlicheres als itzt. Ich rathe aber nie-
mandem, es nachzuahmen, da es die Gedanken so sehr einschränkt
und überhaupt die vielen einsilbigen Wörter die deutsche Sprache be-
quemer zu den Jamben machen.

Freund! die Tugend ist kein leerer Namen,
Aus dem Herzen keimt des guten Samen,
Und ein Gott ists, der der Berge Spitzen
Röthet mit Blitzen.

Laß den Freigeist mit dem Himmel scherzen,
Falsche Lehre fließt aus bösen Herzen,
Und Verachtung allzustrenger Pflichten
Dient für verrichten.

Nicht der Hochmuth, nicht die Eigenliebe,
Nein, vom Himmel eingepflanzte Triebe
Lehren Tugend und daß ihre Krone
Selbst sie belohne.

Ists Verstellung, die uns selbst bekämpfet,
Die des Gähzorns Feuer-Ströme dämpfet
Und der Liebe doch so sanfte Flammen
Zwingt zu verdammen?

Ist es Tummheit oder List des Weisen,
Der die Tugend rühmet in den Eisen,
Dessen Wangen, mitten in dem sterben,
Nie sich entfärben?

Ist es Thorheit, die die Herzen bindet,
Daß ein jeder sich im andern findet
Und zum Lösgeld seinem wahren Freunde
Stürzt in die Feinde?

Füllt den Titus Ehrsucht mit erbarmen,
Der das Unglück hebt mit milden Armen,
Weint mit andern und von fremden Ruthen
Würdigt zu bluten?

Selbst die Bosheit ungezäumter Jugend
Kennt der Gottheit Bildniß in der Tugend,
Hasst das gute und muß wahre Weisen
Heimlich doch preisen.

Zwar die Laster blühen und vermehren,
Geiz bringt Güter, Ehrsucht führt zu Ehren,
Bosheit herrschet, Schmeichler betteln Gnaden,
Tugenden schaden.

Doch der Himmel hat noch seine Kinder,
Fromme leben, kennt man sie schon minder,
Gold und Perlen findt man bei den Mohren,
Weise bei Thoren.

Aus der Tugend fließt der wahre Friede,
Wollust eckelt, Reichthum macht uns müde,
Kronen drücken, Ehre blendt nicht immer,
Tugend fehlt nimmer.

Drum, o Damon! gehts mir nicht nach Willen,
So will ich mich ganz in mich verhüllen,
Einen Weisen kleidet Leid wie Freude,
Tugend ziert beide.

Zwar der Weise wählt nicht sein Geschicke;
Doch er wendet Elend selbst zum Glücke.
Fällt der Himmel, er kann Weise decken,[1]
Aber nicht schrecken.

1   *Fractus illabatur orbis*
    Impavidum ferient ruinæ.

                                                    Horat.

8.

Doris

1730.

Bei diesem Gedichte habe ich fast nicht mit mir einig werden können, was mir zu thun zukäme. Es ist ein Spiel meiner Jugend. Was uns im zwanzigsten Jahr lebhaft und erlaubt vorkömmt, das scheint uns im siebzigsten thöricht und unanständig. Sollten wir uns nicht vielmehr der Eitelkeiten unsrer Jugend, als der unschuldigen Zeitvertreibe unsrer Kindheit schämen? Aber da einmal dieses Gedicht in so vielen Händen ist, da ich es aus denselben zu reißen unvermögend bin, so muß ich dieses Angedenken einer herrschenden, und endlich in einem gewissen Verstande unschuldigen Leidenschaft, nur aufrecht lassen. Die Jahrzahl selbst wird das übrige erklären.

Des Tages Licht hat sich verdunkelt,
Der Purpur, der im Westen funkelt,
Erblasset in ein falbes Grau;
Der Mond erhebt die Silber-Hörner,
Die kühle Nacht streut Schlummer-Körner
Und tränkt die trockne Welt mit Thau.

Komm, Doris, komm zu jenen Buchen,
Laß uns den stillen Grund besuchen
Wo nichts sich regt als ich und du.
Nur noch der Hauch verliebter Weste[1]
Belebt das schwanke Laub der Aeste
Und winket dir liebkosend zu.

Die grüne Nacht belaubter Bäume
Lockt uns in Anmuths-volle Träume,
Worein der Geist sich selber wiegt:
Er zieht die schweifenden Gedanken
In angenehm verengte Schranken
Und lebt mit sich allein vergnügt.

Sprich, Doris! fühlst du nicht im Herzen
Die zarte Regung sanfter Schmerzen,
Die süßer sind als alle Lust?
Strahlt nicht dein holder Blick gelinder?

1 Den 19. Febr. 1731 heirathete der Verfasser Marianen Wyß von Mathod und la Mothe.

Rollt nicht dein Blut sich selbst geschwinder
Und schwellt die Unschulds-volle Brust?

Ich weiß, daß sich dein Herz befraget
Und ein Begriff zum andern saget:
Wie wird mir doch? was fühle ich?
Mein Kind! du wirst es nicht erkennen,
Ich aber werd es leichtlich nennen,
Ich fühle mehr als das für dich.

Du staunst; es regt sich deine Tugend,[2]
Die holde Farbe keuscher Jugend
Deckt dein verschämtes Angesicht;
Dein Blut wallt von vermischtem Triebe,
Der strenge Ruhm verwirft die Liebe,
Allein dein Herz verwirft sie nicht.

Mein Kind, erheitre deine Blicke,
Ergieb dich nur in dein Geschicke,
Dem nur die Liebe noch gefehlt.
Was willst du dir dein Glück missgönnen?
Du wirst dich doch nicht retten können!
Wer zweifelt, der hat schon gewählt.

Der schönsten Jahre frische Blüthe
Belebt dein aufgeweckt Gemüthe,
Darein kein schlaffer Kaltsinn schleicht;
Der Augen Glut quillt aus dem Herzen,
Du wirst nicht immer fühllos scherzen,
Wen alles liebt, der liebet leicht.

Wie? sollte dich die Liebe schrecken?
Mit Scham mag sich das Laster decken,
Die Liebe war ihm nie verwandt;
Sieh deine freudigen Gespielen!
Du fühlest, was sie alle fühlen;
Dein Brand ist der Natur ihr Brand.

O könnte dich ein Schatten rühren
Der Wollust, die zwei Herzen spüren,
Die Liebe leitet zum Altar,

2 Dieses alte schweizerische Wort behalte ich mit Fleiß. Es ist die Wurzel
   von erstaunen und bedeutet *rêver*, ein Wort, das mit keinem andern gege-
   ben werden kann.

Du fordertest von dem Geschicke
Die langen Stunden selbst zurücke,
Worin dein Herz noch müßig war!

Wann eine Schöne sich ergeben,
Für den, der für sie lebt, zu leben,
Und ihr verweigern wird ein Scherz;
Wann, nach erkannter Treu des Hirten,
Die Tugend selbst ihn kränzt mit Myrten,
Und die Vernunft spricht wie das Herz;

Wann zärtlich wehren, holdes zwingen,
Verliebter Diebstahl, reizends ringen
Mit Wollust beider Herz beräuscht,
Wann der verwirrte Blick der Schönen,
Ihr schwimmend Aug voll seichter Thränen,
Was sie verweigert, heimlich heischt,

Wann sich – allein, mein Kind, ich schweige.
Von dieser Lust, die ich dir zeige,
Ist, was ich sage, kaum ein Traum.
Erwünschte Wehmuth, sanft entzücken,
Was wagt der Mund euch auszudrücken?
Das Herz begreift euch selber kaum.

Du seufzest, Doris! wirst du blöde?
O selig! flößte meine Rede
Dir den Geschmack des liebens ein!
Wie angenehm ist doch die Liebe?
Erregt ihr Bild schon zarte Triebe,
Was wird das Urbild selber sein?

Mein Kind, genieß des frühen Lebens,
Sei nicht so schön für dich vergebens,
Sei nicht so schön für uns zur Qual!
Schilt nicht der Liebe Furcht und Kummer!
Des kalten Gleichsinns eckler Schlummer
Ist unvergnügter tausendmal.

Zudem, was hast du zu befahren?
Laß andre nur ein Herz bewahren,
Das, wers besessen, gleich verlässt!
Du bleibst der Seelen ewig Meister,
Die Schönheit fesselt dir die Geister,
Und deine Tugend hält sie fest.

Erwähle nur von unsrer Jugend,
Dein Reich ist ja das Reich der Tugend,
Doch, darf ich rathen, wähle mich!
Was hilft es, lang sein Herz verhehlen?
Du kannst von hundert Edlern wählen,
Doch keinen, der dich liebt, wie ich.

Ein andrer wird mit Ahnen prahlen,
Der mit erkauftem Glanze strahlen
Der malt sein Feuer künstlich ab,
Ein jeder wird was anders preisen,
Ich aber habe nur zu weisen
Ein Herz, das mir der Himmel gab.

Trau nicht, mein Kind, jedwedem Freier,
Im Munde trägt er doppelt Feuer,
Ein halbes Herz in seiner Brust:
Der liebt den Glanz, der dich umgiebt,
Der liebt dich, weil dich alles liebet,
Und der liebt in dir seine Lust.

Ich aber liebe, wie man liebte,
Eh sich der Mund zum seufzen übte
Und Treu zu schwören ward zur Kunst;
Mein Aug ist nur auf dich gekehret,
Von allem, was man an dir ehret,
Begehr ich nichts als deine Gunst.

Mein Feuer brennt nicht nur auf Blättern,
Ich suche nicht dich zu vergöttern,
Die Menschheit ziert dich allzusehr:[3]
Ein andrer kann gelehrter klagen,
Mein Mund weiß weniger zu sagen,
Allein mein Herz empfindet mehr.

Was siehst du furchtsam hin und wieder
Und schlägst die holden Blicke nieder?
Es ist kein fremder Zeuge nah;
Mein Kind, kann ich dich nicht erweichen? –
Doch ja, dein Mund giebt zwar kein Zeichen,
Allein dein seufzen sagt mir: Ja!

3   Dieser Gedanke gehört eigenthümlich dem Herrn Drollinger zu. Er stund
in einem verliebten Gedichte, davon man in der Sammlung seiner Poesieen
keine Spur mehr antrifft, und haftete mir aus einem freundschaftlichen
Gespräche im Gedächtniß.

9.

Die verdorbenen Sitten

1731.

Difficile est satiram non scribere …

JUVENAL. [1, 30.]

Ein edler, scharfsinniger und nunmehr verstorbener Freund hat diese Satire von mir ausgepresst. Ein jugendlicher Eifer erhitzte mich dabei. Junge Leute, die in Büchern die Welt kennen gelernet haben, wo die Laster immer gescholten, die Tugenden immer geehrt und die vollkommensten Muster ihnen vorgemalet werden, fallen leicht in den Fehler, daß alles, was sie sehen, ihnen unvollkommen und tadelhaft vorkömmt. Sie fodern von einem jeden Freunde die Treue eines Pylades, und eine obrigkeitliche Person scheint ihnen pöbelhaft, so bald sie nicht einem Fabricius, einem Cato gleich kömmt. Die Erfahrung belehrt uns freilich nach und nach eines bessern. Eine kleine Republik bedarf keiner Scipionen, sie ist ohne dieselben glücklicher. Menschenliebe, Wissenschaft, Arbeitsamkeit und Gerechtigkeit ist alles, was sie von ihren grosten Häuptern verlangt, und der ungezweifelt blühende Zustand meines glückseligen Vaterlandes bezeugt unwidersprechlich, daß die herrschenden Grundregeln ihrer Vorgesetzten gut und gemeinnützig sind. Man kann dem Zeugniß des von aller Schmeichelei entfernten Herrn von Montesquieu glauben, das er in der Schrift *sur les causes de la décadence de Rome* und in dem Werke über den *Esprit des loix* gegeben hat.

Genug und nur zu viel hab ich die Welt gescholten!
Was zeigt die Wahrheit sich? Wann hat sie was gegolten?
Seht einen Juvenal, der Vorwelt Geisel, an,
Was hat sein Tadel guts der Welt und ihm gethan?
Ihn bracht in Lybien das Gift der scharfen Feder,
Ein Land wie Tomos fern und trauriger und öder.
Rom las, so viel er schrieb, es las und schwelgte fort.
Was damals Rom gethan, thut jetzt ein jeder Ort.
Seit Boileau den Parnass von falschem Geist gereinigt,
Hat reimen und Vernunft in Frankreich sich vereinigt?
Lebt nicht ein Nadal noch? Reimt nicht ein Pelegrin?
Drängt nicht sich ganz Paris zu Scapins Possen hin?
Ich aber, dem sein Stern kein Feuer gab zum dichten,
Was hab ich für Beruf der Menschen thun zu richten?
Stellt Falschmund, wann ers liest, sein heimlich lästern ein?
Sein Haß wird giftiger, sein Herz nicht besser sein!
Und stünde Thessals Bild gestochen auf dem Titel,
Noch dünkt er sich gelehrt und schölt auf andrer Mittel.

Ja rühmen will ich itzt, wofern ich rühmen kann,
Und lache nur, mein Geist, du mußt gewiß daran!
Ein strenger Despréaux hat Dichter nur getadelt
Und Ludwigs Uebergang mit klugem Muth geadelt,[1]
Sonst hätt er auf dem Stroh, von Gram und Frost gekrümmt,
Zuletzt mit Saint-Amand ein Klaglied angestimmt.

Wo aber findet sich der Held für meine Lieder?
Ich geh die Namen durch, ich blättre hin und wieder
Und finde, wo ich seh, vom Zepter bis zum Pflug,
Zum schelten allzu viel, zum rühmen nie genug;
Zählt selber, wie August, das Alter und die Jugend!
Fürs Laster ist kein Raum, kein Anfang für die Tugend.

Sag an Helvetien, du Helden-Vaterland!
Wie ist dein altes Volk dem jetzigen verwandt?
Wars oder wars nicht hier, wo Biderbs Degen strahlte,[2]
Der das erhaltne Fahn mit seinem Blute malte?
Wo fließt der Muhleren, der Bubenberge Blut?[3]
Der Seelen ihres Staats, die mit gesetztem Muth
Fürs Vaterland gelebt, fürs Vaterland gestorben,
Die Feind und Gold verschmäht und uns den Ruhm erworben,
Den kaum nach langer Zeit der Enkel Abart löscht;
Da Vieh ein Reichthum war und oft ein Arm gedrescht,
Der sonst den Stab geführt; da Weiber, derer Seelen
Kein heutig Herz erreicht, erkauften mit Juwelen
Den Staat vom Untergang, den Staat, des Schatz uns heut
Zum offnen Wechsel dient und Trost der Ueppigkeit.
Wo ist die Ruhm-Begier, die Rom zum Haupt der Erden,
Uns groß gemacht aus nichts, Gefahren und Beschwerden
Für Lust und Schuld erkennt, fürs Glück der Nachwelt wacht,
Stirbt, wann der Staat es heischt, die Welt zum Schuldner macht?
Wo ist der edle Geist, der nichts sein eigen nennet,

1   Das Gedicht über den Uebergang des Rheins, wo Boileau selber, wenn
    man ihn genau durchlieset, nichts anders von Ludewig sagen konnte, als
    er hätte zugesehen: *Mais Louis d'un regard sût fixer la tempête.*

2   Biderb oder Biderbo ist der Zuname, den man einem Edlen von Greyerz
    und seinen Nachkommen zulegte, da er in dem unglücklichen Treffen in
    der Schoßhalde die Hauptfahne der Republik rettete. Eine allgemeine Sage
    fügt hier bei, daß von dieser Gefahr her das Wappen von Bern geändert
    und das weiße Feld in ein rothes verwandelt worden.

3   Sind alte adeliche Geschlechter. Die Bubenberge sind die Stifter der Repu-
    blik unter Herzog Berchtolden gewesen, und ein von Muhleren hat Murten
    wider Herzog Karl von Burgund mit einem Muth vertheidigt, dergleichen
    man in den Geschichten wenig findet.

Nichts wünschet für sich selbst und keinen Reichthum kennet,
Als den des Vaterlands, der für den Staat sich schätzt,
Die eignen Marchen kürzt, der Bürger weiter setzt? –
Ach! sie vergrub die Zeit und ihren Geist mit ihnen,
Von ihnen bleibt uns nichts als etwas von den Minen.

Doch also hat uns nicht der Himmel übergeben,
Daß von der güldnen Zeit nicht theure Reste leben;
Die Männer, deren Rom sich nicht zu schämen hat,
Ihr Eifer zeigt sich noch im Wohlsein unsrer Stadt:
Ein Steiger stützt die Last der wohlerlangten Würde
Auf eigne Schultern hin und hat den Staat zur Bürde;
Er hat, was herrschen ist, zu lernen erst begehrt,
Nicht, wie die Großen thun, die ihre Stelle lehrt.
Er sucht im stillen Staub und halb verwesnen Häuten
Des Staates Lebenslauf, die Ebb und Flut der Zeiten;
Sein immer frischer Sinn, in stäter Müh gespannt,
Wacht, weil ein Jüngling schläft, und dient dem Vaterland;
Er lässt des Staates Schatz sich auf das Land ergießen,
Wie aus dem Herzen sonst der Glieder Kräfte fließen;
Von seinem Angesicht geht niemand traurig hin,
Er liebt die Tugend noch und auch die Tugend ihn.[4]
Ein Cato lebet noch, der den verdorbnen Zeiten[5]
Sich setzt zum Widerspruch und kann mit Thaten streiten.
Zwar Pracht und Ueppigkeit, die alles überschwemmt,
Hat das Gesetz und er bisher zu schwach gehemmt;
Doch wie ein fester Damm den Sturm gedrungner Wellen,
Wie sehr ihr Schaum sich bläht, zurücke zwingt zu prellen,
Und nie dem Strome weicht, wann schon der wilde Schwall,
Von langem Wachsthum stark, sich stürzet übern Wall:
So hat Helvetien der Durchbruch fremder Sitten
Mit Lastern angefüllt und Cato nichts gelitten;
Die Einfalt jener Zeit, wo ehrlich höflich war,
Wo reine Tugend Ehr, auch wann sie nackt, gebar,
Herrscht in dem rauhen Sinn, den nie die List betrogen,

4 Dieses Gemälde war schon An. 1731 in der ersten Auflage begriffen. Eine
   zärtliche Furcht, daß man es für eine Schmeichelei eines sein Glück su-
   chenden Jünglings ansehen möchte, hieß michs unterdrücken, und jetzt
   lässt mir die durch die Erfahrung so vieler Jahre bestätigte Ueberzeugung,
   nebst der allgemeinen Stimme der Pepublik, nicht zu, ein so wohl verdien-
   tes Opfer unserm würdigsten (und nunmehr längst verblichenen) Haupte
   länger zu entziehen.

5 Damals. Alle Freunde der Gesetze, die vor vierzig Jahren gelebt haben,
   werden den alten ehrwürdigen Mann, dessen Lob hier beschrieben ist,
   leicht erkennen, den Herrn Venner Michael Augspurger.

Kein Großer abgeschreckt, kein Absehn umgebogen;
Hart, wanns Gesetze zürnt, mitleidig, wann er darf,
Gut, wann das Elend klagt, wann Bosheit frevelt, scharf,
Vom Wohl des Vaterlands entschlossen nie zu scheiden,
Kann er das Laster nicht, noch ihn das Laster leiden.
O hebe lange noch dein Vaterland empor,
Steh unsern Söhnen einst, wie unsern Vätern, vor!

Wer kennt die andern nicht? sie sind so leicht zu zählen!
Doch wann, einst zugedrückt, die werthen Augen fehlen,
Wer ists, auf den man dann den Grund des Staates legt?
Der Wissenschaft im Sinn, im Herzen Tugend trägt?
Der thut, was sie gethan, und die geleerten Plätze
Auch mit den Tugenden, nicht mit der Zahl, ersetze?

Gewiß kein Appius, die prächtige Gestalt,
Ein Wort, ein jeder Blick zeigt Hoheit und Gewalt;
Des großen Mannes Thor steht wenig Bürgern offen,
Und einen Blick von ihm kann nicht ein jeder hoffen.
Sein Ansehn dringt durchs Recht, sein Wort wird uns zur Pflicht,
Er ist fast unser Herr und seiner selber nicht.
Doch fällt der Glanz von ihm, so wird der Held gemeiner,
Der Unterscheid von uns ist in dem innern kleiner,
Den aufgehabnen Geist stützt ein gesetzter Sinn, –
Ein prächtiger Pallast und leere Säle drinn!

Gewiß kein Salvius, der Liebling unsrer Frauen,
Dem trefflichen Geschmack kann jeder Käufer trauen;
Wer ists, der so wie er, durch alle Monat weiß
Der Mode Lebenslauf und jedes Bandes Preis?
Wer haschet listiger der Kleider neuste Arten?
Wer nennt so oft Paris? Wer theilt, wie er, die Karten
Auf griechisch hurtig aus? wer stellt den Fuß so quer?
Wer singt so manches Lied? wer flucht so neu als er?
O Säule deines Staats! wo findet sich der Knabe,
Der sich so mancher Kunst dereinst zu schämen habe?

Auch kein Democrates, der Erbe seiner Stadt,
Der sonst kein Vaterland, als seine Söhne, hat;
Der jeden Stammbaum kennt, der alle Wahlen zählet,
Die Stimmen selber theilt und keine Kugel fehlet;
Der Mund und Hand mir heut und morgen andern schätzt
Und zwischen Wort und That nur einen Vorhang setzt;[6]

6   Meist alle Bedienungen werden in unsrer Republik so vergeben, daß die
    Wählenden hinter einem Vorhang ihre güldne Kugel in einen zum Scru-

Der Recht um Freundschaft spricht, der Würde tauscht um Würde
Und, wann er sein Geschlecht dem Staate macht zur Bürde,
Kein Mittel niedrig gläubt, durch alle Häuser rennt,
Droht, schmeichelt, fleht, verspricht und alles Vetter nennt.

Gewiß kein Rusticus, der von den neuen Sitten
Noch alles ruhiger, als nüchtern sein, gelitten,
Der Mann von altem Schrot, dem neuer Witz missdünkt,
Der wie die Vorwelt spricht und wie die Vorwelt trinkt,
Im Keller prüft den Mann, was wird er dort nicht kennen?
Er wird im Glase noch den Berg und Jahrgang nennen;
Was aber Wissenschaft, was Vaterland und Pflicht,
Was Kirch und Handlung ist, die Grillen kennt er nicht;
Die Welt wird, wann sie will, und nicht sein Kopf sich ändern;
Was fragt er nach dem Recht, der Brut von fremden Ländern?
Recht ist, was ihm gefällt, gegründet, was er fasst,
Das schmählen Bürger-Pflicht, ein Fremder, wen er hasst.

Gewiß auch kein Sicin, der Sauerteig des Standes,
Der Meister guten Raths, der Pachter des Verstandes,
Der nichts vernünftig glaubt, wann es von ihm nicht quillt,
Und seine Meinung selbst in fremdem Munde schilt;
Bald straft man ihm zu hart, bald laufen Laster ledig,
Heut heißt der Staat ein Zug und morgen ein Venedig;[7]
Wer herrscht, der ihm gefällt? vor ihm ist alles schlecht,
Belohnen unverdient, versagen ungerecht.
So lässt der Frösche Volk sein quecken in den Röhren
Noch eh beim Sonnenschein, als wann es wittert, hören.

Auch kein Heliodor, verliebt in Frankreichs Schein,[8]
Der sich zur Schande zählt, daß er kein Sklav darf sein,
Misskennt sein Vaterland, des Königs Bildniß spiegelt,
Was unsrer Ahnen Muth mit Lüpolds Blut versiegelt,
Die Freiheit, hält vor Tand, verhöhnt den engen Staat,
Gesetze Bauern lässt und schämet sich im Rath.
Flieh Sklav! ein freier Staat bedarf nur freier Seelen,
Wer selber dienen will, soll Freien nicht befehlen!

---

    tinio zubereiteten Kasten legen. Also können sie vor dem Vorhang ver-
    sprechen und hinter demselben das Gegentheil tun.

7   Damals war in diesem Kanton eine der Anarchie sehr nahe Democratie,
    und in Venedig ist, wie bekannt, die Aristocratie den Unterthanen fast so
    schwer als eine Oligocratie.

8   Diese ganze Strophe stehet nicht in der ersten Auflage.

Gewiß kein Härephil, der allgemeine Christ,
Der aller Glauben Glied und keines eigen ist;
Der Retter aller Schuld, der Schutz-Geist falscher Frommen,
Der, was den Staat verstört, zu schützen übernommen;
Der Bosheit Einfalt nennt und heucheln Andacht heißt
Und dem erzürnten Recht das Schwert aus Händen reißt;
Der Kirch und Gottesdienst mit halben Reden schwärzet
Und niemals williger als über Priester scherzet.
Ein andrer Zweck ist oft an wahrer Liebe Statt,
Ein Absehn dringet weit, das Gott zum Fürwort hat;
Sein Gut, das er verschmäht, wird nicht vergessen werden,
Im Himmel ist der Sinn, die Hände sind auf Erden.

Wer ists dann? ein Zelot, der Kirchen-Cherubin,
Bereit, den Strick am Hals in Himmel mich zu ziehn?
Ein murrender Suren, der nie ein Ja gesprochen
Und selten sonst gelacht, als wann der Stab gebrochen?
Der leichte Franzen-Aff, der Schnupfer bei der Wahl,
Der bei den Eiden scherzt und pfeift im großen Saal?
Ein wankender Saufei, dem nie das Rathhaus stehet,
Der von dem Tisch in Rath, vom Rath zu Tische gehet?
Der nie sich selber zeigt, der kluge Larvemann,
Der alle Bürger hasst und alle küssen kann?
Ein reicher Agnoët, der Feind von allem lernen,
Der Sonnen viereckt macht und Sterne zu Laternen?[9]
Ein Unselbst, reich an Ja, der seine Stimme liest
Und dessen Meinung stets vorher eröffnet ist?[10]
Und so viel andre mehr, der Großen Leib-Trabanten,
Die Ziffern unsers Staats, im Rath die Consonanten?

Bei solchen Herrschern wird ein Volk nicht glücklich sein!
Zu Häuptern eines Stands gehöret Hirn darein!
Lasst zehen Jahr sie noch, sich recht zu unterrichten,
In jenem Schatten-Staat gemessne Sachen schlichten![11]
Wer aber sich dem Staat zu dienen hat bestimmt
Und nach der Gottheit Stell auf Tugend-Staffeln klimmt,

9   Dieses ist eine wahre Geschichte. Ein reicher Mann leugnete einmal in
    allem Ernst dem Verfasser, daß man wissen könnte, ob auch wohl eigent-
    lich der Mond rund oder von einer andern Gestalt wäre.
10 Eine in der bernischen Republik gewöhnliche Redensart, wenn ein Ange-
    fragter keine eigene Meinung vorzutragen gesinnet ist.
11 Der so genannte äußre Stand oder die Schatten-Republik der Jugend.
    Siehe die Beschreibung derselben in des berühmten Geschichtschreibers
    Herrn Köhlers Münz-Belustigung 1737 den 19. Juni.

Der würkt am Wohl des Volks und nicht an seinem Glücke
Und dient zum Heil des Lands dem segnenden Geschicke,
Er setzet seiner Müh die Tugend selbst zum Preis,
Er kennet seine Pflicht und thut auch, was er weiß.
Fürs erste lerne der, der groß zu sein begehret,
Den innerlichen Stand des Staates, der ihn nähret;
Wie Ansehn und Gewalt sich, mit gemessner Kraft,
Durch alle Staffeln theilt und Ruh und Ordnung schafft;
Wie zahlreich Volk und Geld; wie auf den alten Bünden,
Dem Erbe bessrer Zeit, sich Fried und Freundschaft gründen;
Wodurch der Staat geblüht, wie Macht und Reichthum stieg,
Des Krieges erste Glut, den wahren Weg zum Sieg,
Die Fehler eines Staats, die innerlichen Beulen,
Die nach und nach das Mark des sichern Landes fäulen;
Was üblich und erlaubt, wie Ernst und männlichs Recht,
Den angelaufnen Schwall des frechen Lasters schwächt;
Wie weit dem Herrscher ziemt der Kirche zu gebieten;
Wie Glaubens-Einigkeit sich schützet ohne wüthen;
Was Kunst und Boden zeugt, was einem Staat ersprießt;
Wodurch der Nachbarn Gold in unsre Dörfer fließt;
Auch was Europa regt; wie die vereinten Machten
In stätem Gleichgewicht sich selbst zu halten trachten;
Wodurch die Handlung blüht; wie alle Welt ihr Gold
Dem zugelaufnen Schwarm verbannter Bettler zollt;
Was Frankreich schrecklich macht, wodurch es sich entnervet;
Wie Kunst und Wissenschaft der Britten Waffen schärfet;
Auch Rom und Sparta hat, was nützlich werden kann;
Die Tugend nimmt sich leicht bei ihrem Beispiel an!
Bild aber auch dein Herz, selbst in der ersten Jugend!
Sieh auf die Weisheit viel, doch weit mehr auf die Tugend;
Lern, daß nichts selig macht als die Gewissens-Ruh,
Und daß zu deinem Glück dir niemand fehlt als du;
Daß Gold auch Weise ziert, verdient durch reine Mittel,
Daß Tugend Ehre bringt und nicht erkaufte Titel,
Daß Maaß und Weisheit mehr als leere Namen sind.
Und daß man auf dem Thron noch jetzt George findt!
Kein Reiz sei stark genug, der deine Pflicht verhindert,
Kein Nutz sei groß genug, der Nüchtlands Wohlfahrt mindert;
Such in des Landes Wohl und nicht beim Pöbel Ruhm,
Sei jedem Bürger hold und niemands Eigenthum,
Sei billig und gerecht, erhalt auf gleicher Waage
Des Großen drohend Recht und eines Bauren Klage!
Bei Würden sieh den Mann und nicht den Gegen-Dienst,
Mach Arbeit dir zur Lust und helfen zum Gewinnst
Thu dieß und werde groß! Liegt schon dein Glück verborgen,

Der Himmel wird für dich, mehr als du selber, sorgen!
Und wann er künftig dich in hohen Aemtern übt
Und deiner Bürger Heil in deine Hände giebt,
So lebe, daß dich einst die späten Enkel preisen,
Dein Tod den Staat betrübt und macht dein Volk zum Waisen!
Und schlössen schon dein Land die engsten Schranken ein,
So würdest du mir doch der Helden erster sein;
In dir zeigt sich der Welt der Gottheit Gnaden-Finger,
Du bist ein größrer Mann als alle Welt-Bezwinger!

10.

Ueber eine Hochzeit

1731.

Ein Kenner, dessen Einsicht ich mehr als der meinigen zutraue, hat mich bewogen, dieses verworfene Gedicht wieder hervorzusuchen. Andere erfahrene Richter hatten es zur Vergessenheit verurtheilt, und in eignen Dingen traut man billig einem fremden Geschmack mehr als dem seinigen. Die vornehmen Personen, die darin besungen werden, hatten allerdings in Ansehung der beiderseitigen Geburt und Verwandtschaft viele Vorzüge, und die scharfsinnige Klugheit des Bräutigams ist nachwärts in den Unglücksfällen, aus welchen ihn sein Verstand emporgehoben hat, in seinem Vaterlande jedermann bekannt worden.

Entweicht! ihr unberufnen Dichter,
Singt auf den Bänken Bauren vor!
Ist vor euch Lärmer dann kein Richter?
Sorgt niemand für ein kennend Ohr?
Die Gasse schnarrt von feilen Leiern,
Ganz Teutschland quillt mit nüchtren Schreiern,
Auch Frösche sind nicht so gemein.
Ihr Unterkäufler falscher Ehre,
Eh ich mich von euch rühmen höre,
Eh wollt ich noch gescholten sein!

Zwar Dichter sind sonst nicht zu höhnen,
Die Reime leiden auch Verstand,
Sie dienen Tugenden zu krönen,
Kein Witz ist besser angewandt:
Doch wann, noch matt vom Bücher-Schranke,
Nur ein erhascheter Gedanke
Durch die geflickten Reime hinkt,
Da wird sich billig jeder schämen,

Ein unächt Rauchwerk anzunehmen,
Wovon der beste Name stinkt.

Wie glücklich waren jene Zeiten,
Da Ruhm und Tugend stund im Bund!
Die Helden wurden groß im streiten,
Noch größer in der Dichter Mund.
Auf starker Geister Adler-Schwingen
Hub sich der Ruhm, den Thaten bringen,
Nach der verdienten Ewigkeit:
Viel fester als auf Marmor-Säulen
Trotzt, auf Homers geweihten Zeilen,
Achilles der Vergessenheit.

Vertrautes Paar! dem heut zur Liebe
Des Hymens holde Fackel brennt,
O daß für euch ein Dichter bliebe
Von jenen, die Apollo kennt!
Wär Thebens Sänger noch auf Erde,
Der oft den Ruhm geschwinder Pferde
Mit schlechtem Recht verewigt hat;
Die letzte Nachwelt würde lesen,
Daß ihr der euren Zier gewesen
Und die Verwundrung eurer Stadt.

Zwar sind die Dichter euch missgönnet,
So ists der wahre Nachruhm nicht:
Die Ehrfurcht jedes, der euch kennet,
Ist doch das beste Lob-Gedicht.
Ein armer Dichter zahlt mit Ruhme,
Der Tugend Sold und Eigenthume,
Den Zins von eignen Schulden ab.
Das Lob, das feile Lieder geben,
Hat niemals ein beredend Leben,
Wie das, das euer Volk euch gab.

Doch meine Freundschaft wird zur Plage,
Genuß und Wonne sind euch nah,
Lebt lang und wohl, der Himmel sage
Zu meinem Wunsch sein würkend Ja!
Ihr aber eilt, vertraute beide,
Zu der entzückten Art der Freude,
Die nur vergnügte Liebe giebt.
In eures Stammes edlen Gaben

Wird einst die Welt ein Abbild haben
Von dem, was wir in euch geliebt!

11.

Der Mann nach der Welt

1733.

Ich habe bei diesem Gedichte nichts zu erinnern. Es stellt den hässlichen Gemüths-Charakter eines jungen sogenannten Petit-Maitre und den nicht liebens-würdigern eines ungerechten und eigennützigen Magistrats vor. Jenen habe ich aus verschiedenen besondern kleinen Originalen zusammengesetzt. Dieser ist gleichfalls nach dem Leben, aber auch nach verschiedenen Personen gezeichnet. Eine Satire unterscheidet sich vom Libell, weil dieser einzelne Personen kenntlich abmalt, jene aber die besondern Fehler vieler Leute in einen gemeinen Charakter zusammen mischt.

Du, dessen Beispiel uns die Tugend reizend macht,
In dessen Mund Vernunft, gekränzt mit Anmuth, lacht,
Der Geist und Munterkeit der Weisheit legt zu Füßen,
Die sonst die Hässlichkeit des Lasters schminken müssen,
Warum, o Sinner! lähmt die Herzen unsrer Zeit
Der allgemeine Frost der Unempfindlichkeit?
Der Tugend Nam erlischt, sie ist zum Mährlein worden,
Man zählt die Sitten-Lehr in Arthurs Ritter-Orden
Und lacht, wenn noch ein Buch von Männern Nachricht giebt,
Die etwas sich versagt und außer sich geliebt!

Verdammte Spötterei, du Weisheit schlauer Thoren,
Die die Unwissenheit vom Uebermuth geboren!
Du hast zuerst bei uns der Dinge Werth verwirrt,
Daß Tugend lächerlich und Laster artig wird.
Seitdem dich in Paris ein Schwarm verwöhnter Jugend
Erwählt zum Gegensatz von Gründlichkeit und Tugend,
Misskennt sich die Natur in unsern Urtheiln oft,
Sie findet Schimpf und Spott, wo sie Verwundrung hofft,
Da manche That, die doch der Hölle Farben führet,
Zur Schau sich kühnlich trägt und ihren Böswicht zieret!

Vor diesem war ein Mann, der rühmlich wollte sein,
Erhaben am Verstand, in seinem thun gemein,
Dem Vaterlande treu, der Gottheit ehrerbietig,
Auch gegen Große steif, auch mit Geringen gütig;

Sich selber war er arm und gegen Arme reich;
Sein Herz war, wo das Recht, sein Ohr bei beiden gleich;
Hold dem, was er gewählt, bei andern unempfindlich;
In Kleinigkeiten fremd, in Recht und Klugheit gründlich;
Gehorsam besserm Rath, auch wann sein Feind ihn giebt,
Und dem Gesetze treu, auch schlüg es, wen er liebt;
Geschäftig, wann allein, und müßig zum Verhöre;
Nicht hungrig nach dem Lohn, noch fühllos für die Ehre;
Aus Eifer nicht zu kühn, nicht feig beim Widerstand,
Und keinem Freunde hold wie seinem Vaterland;
Im reden kurz aus Witz, aus Deutlichkeit begreiflich,
Dienstfertig unbezahlt, um keinen Preis erkäuflich,
Stieg er und Bern mit ihm, Verdienst war sein Patron,
Die allgemeine Gunst war ihm der liebste Lohn.

Vergebens wird itzt noch der undankbaren Erden
Mit Männern solcher Art der Himmel gütig werden.
Wann seine Tugend nicht der Reichthum edel macht,
Wann Haus und Kleid nicht glänzt in wohlgewählter Pracht,
Wann er die hohe Kunst des schwelgens nicht besitzet,
Wann seine Gäste nicht ein fremder Wein erhitzet,
Wann zwischen Haß und Gunst bei ihm ein Abtritt ist
Und auf den Lippen sich sein Herz zu oft vergisst:
So schicke jedermann den Mann von altem Schrote
In Kistlers Zeit zurück zum Karst und Roggen-Brote.[1]

Wie aber soll man sein, daß man uns wohl gefällt?
Wie dort Pomponius, der freien Geister Held,
Der Schönen Augenmerk, der Jugend Sitten-Muster?
Zwar sein Verdienst kömmt meist vom Schneider und vom Schuster,
Paris ziert selbst sein Haupt, weil eine mindre Stadt
Nicht Kunst noch Puder gnug für kluge Hirner hat.
In mancher Banque hat sein Muth das Glück besieget,
Wo oft sein halbes Erb auf einer Karte lieget;
Auch, wann bei später Nacht er wohl begleitet geht,
Prangt seine Tapferkeit, wo niemand widersteht;
Erst wann, wie oft geschieht, nach einem langen Kampfe,
Sein Kopf ihm endlich schwillt von theurer Weine Dampfe,
Was ihm begegnet, bricht, wann Glas und Fenster kracht,
Die öde Straß erschallt und weh der armen Wacht!
An Flinten ohne Blei und hart-verbotnen Eisen
Wird, was er Feinden spart, sein kluger Muth beweisen.
Dann endlich er ist jung, was soll er immer thun?

1   Ein merkwürdiger Mann in der Republik, der An. 1470 gelebt hat.

Er schläft ja zum Mittag, er kann nicht länger ruhn;
Arbeiten darf er nicht, er würde sich entadeln;
Und lesen will er nicht, er mag nicht immer tadeln;
Bei Frauenzimmer muß man zu gezwungen sein;
Was thät er ohne Spiel und Mädgen und den Wein?
Zu dem, die Ehr ist ja der Abgott seiner Sinnen,
Man kann von ihm getrost, mehr als er hat, gewinnen;
Sein erstes Gold fliegt hin und zahlt die Ehren-Schuld,
Der Handwerks-Mann nährt sich indessen mit Geduld,
Der Gläubiger vernutzt die unterwiesnen Thüren,
Und ein erzürnter Blick heißt Arme ferne frieren.
Wie herzt er jenen nicht? Wie stark umarmt er ihn?
»Dein Glück ist meines auch, wann einst ich glücklich bin!«
Der Herzens-Freund geht fort und segnet oft im gehen
Die Stunde, da sie sich zum erstenmal gesehen.
Wann aber in der Noth er zum Patron sich kehrt,
Was er ihm zugeflucht, im zehnten Theil begehrt,
So wird ein: »Itzt noch nicht«, ein: »Wann« und öfters »Morgen«,
Vielleicht was gröbers auch, ihn selber heißen sorgen.
Wie strahlt nicht dort sein Geist und strömt in Einfäll aus?
Wie lacht und lobt man nicht? doch ändert nicht das Haus,
Zwei Thüren weit davon, wird, wie ein Fisch im Sande,
Er, fern von seinem Volk, ertrocknen am Verstande;
Wann die Gesellschaft nicht bei Zoten lachen will,
Wo man Vernunft begehrt, da steht sein Witz ihm still.
Doch trotz dem Grillen-Kopf, der ihn zu tief ergründet,
Wann nur ein hold Geschlecht ihn liebenswürdig findet!
Wie sieghaft geht er nicht mit seinen Schönen um?
Sie, und was ihres ist, sind bald sein Eigenthum,
Und wann sein eckel Herz nicht güldne Fessel halten,
Wird mitten im Genuß sein Feuer bald erkalten.
Auch so wird, Käfern gleich, die von der Rose fliehn
Und nach dem nächsten Aas mit heiserm summen ziehn,
Er bald zum Kätgen gehn, das, mit beschmutzten Küssen,
Den Brand, den Iris zeugt, ums Geld wird löschen müssen:
Dann Glauben und Natur, Gesetz und Sittlichkeit
Sind feiger Herzen Furcht, wovon er sich befreit;
Sein Freund, sein Herzens-Freund, wird nicht von ihm gescheuet,
Wann den ein artig Weib, ein reines Kind erfreuet;
Findt der Verführer Gunst, er kühlet seine Lust
Und drücket unbereut den Dolch ihm in die Brust.

Pfui! von dem Ehrenmann, wird jener Alte schwören,
Den jungen Taugenichts soll solch ein Titel ehren?
Nein, fragst du nach Verdienst, so sieh den Porcius!

Er ists, bei dem man sich zum Manne modeln muß.
Steif, ehrbar, ordentlich, in seinem thun bedächtlich,
Gewirbig, zum Gewinn war nie ein Weg verächtlich;
Er ist aus Vorsicht keusch, bricht ihm und andern ab
Und lässet ohne sich ja keine Leich ins Grab.
Sein Kirchen-Stuhl wird eh, als er, der Predigt fehlen,
Kein Wechsler wird das Gold, wie er die Münzen, wählen.
Wer ist, der so, wie er, die Marchzahl-Tafel weiß,
Die Geld-Tags-Rechte kennt und der Gerichte Preis?
Auch hat er Stadt und Land schon manchen heißen meiden,
Wo vierzig Jahr hernach er hätte können leiden.
Vorsichtig häuft er Korn auf ferne Theurung hin,
Und allgemeine Noth macht er sich zum Gewinn.
Wie weislich hat er dort in Ernte-Zeit geschnitten!
Er führt das Schwert des Rechts und zürnt auf böse Sitten;
Aus Reichthum schlemmt der Baur, und Frevel kömmt vom Schmaus:
Das Uebel reutet er mit sammt der Wurzel aus!
Erhebt den theuren Mann, ihr Bürger, in die Wette!
Nicht daß, wann ihr ihm fehlt, er sich vergessen hätte;
Wann nicht Verdienst allein das Glück erfliegen kann,
Setzt List und Dreistigkeit ihm andre Flügel an.
Der Großen Gleichgewicht, die Kenntniß von den Stämmen,[2]
Verheißung, Gegendienst, bespähen, drohen, schlemmen,
Vielleicht was baarers noch, ist wahre Herrschafts-Kunst,
Die hebt uns aus dem Staub und zwingt des Schicksals Gunst!
Wer tadelt ihn zuletzt? Die unter seinen Füßen
Mit stummem Neide schmähn und doch ihn ehren müssen!
Jedweder sorgt für sich, ein Weiser ist sein Stern,
Zu eckel wird nicht satt, und Thoren darben gern!

Doch angenommner Scherz weicht allzu wahren Schmerzen,
Ein großes Uebel schweigt, bei kleinen kann man scherzen.
Verderbniß untergräbt den Staat mit schneller Macht,
Und übern Clodius hat Cato nicht gelacht.
O Zeit! o böse Zeit! wo Laster rühmlich worden!
Was fehlt uns, Rom zu sein, als ungestraft zu morden?
Nein, also war es nicht, eh Frankreich uns gekannt;
Von unsren Lastern war noch manches ungenannt;
Die Ueppigkeit war noch durch Armuth weggeschrecket,
Und Einfalt hielt vor uns manch feines Gift verdecket;
Glückselig waren wir, eh als durch öftern Sieg
Bern über Habsburgs Schutt die Nachbarn überstieg;

2   Diese Künste in meiner vaterländischen Republik lassen sich für einen
    Fremden nicht leicht erklären.

Der Mauren engen Raum bewohnten große Seelen,
Sie waren ohne Land, doch fähig zum befehlen;
Es war ein Vaterland, ein Gott, ein freies Herz;
Bestechen war kein Kauf, Verrätherei kein Scherz.
Itzt sinken wir dahin, von langer Ruh erweicht,
Wo Rom und jeder Staat, wenn er sein Ziel erreichet.
Das Herz der Bürgerschaft, das einen Staat beseelt,
Das Mark des Vaterlands ist mürb und ausgehölt;
Und einmal wird die Welt in den Geschichten lesen,
Wie nah dem Sitten-Fall der Fall des Staats gewesen.[3]

12.

An Herrn D. Gessner, Jetzigen Prof. Math. und Physices und Canonic. Carolin. in Zürich

1733.

Dieses Gedicht wurde von besondern Umständen eines werthen
Freundes veranlasst. Die Verdienste des rechtschaffenen Mannes, dem
es zugeschrieben ist, waren damals wohl mir, eben sowohl als itzt, aber
nicht der Welt, noch seinen Mitbürgern genug bekannt.

Mein Gessner! die Natur erwacht,
Sie schwingt die holde Frühlings-Tracht
Um die nun lang entblößten Glieder!
Wie, daß dann unser Sinn auch nicht
Des Unmuths öden Winter bricht?
Kömmt dann für uns kein Frühling wieder?

Sieh, wie die trunknen Auen blühn!
Die Wälder deckt ein schöners Grün,
Als das, so sie im Herbst verloren;
Die dürrsten Anger werden bunt,
Ein jeder Busch hat seinen Mund,
Wir aber sind ohn Aug und Ohren.

Nein, lege deinen Unmuth ab!
Der macht sich aus der Welt ein Grab,
Der ihre Lust nicht will genießen;
Wär unser Herz von Eckel leer,

---

3 Die traurige Begebenheit des 1749 Jahrs ist eine betrübte Erfüllung dieser
   Weissagung. Sie ist der Freunde und der Feinde Nachricht zu Folge eine
   Frucht der überflüssigen Pracht und Verschwändung, der versunkenen
   Sittenlehre und verlornen alten Bürgerliebe.

So würde bald ein Wollust-Meer
Aus jedem Hügel in uns fließen.

Des Pöbels niedriger Verstand,
Bemüht um eigne Plag und Tand,
Mag ein zu edles Gut verachten;
Wie aber kann ein freier Geist,
Der aus des Wahns Gefängniß reißt,
In diesem Paradiese schmachten?

Zwar alle sind wir ein Geschlecht,
Der Weise hat kein eigen Recht,
Sein Joch ist jedem auferleget;
Das Schicksal kennt uns allzuwohl,
Es weiß, wo es uns treffen soll,
Wir müssen fühlen, wann es schläget.

Wie thöricht kömmt mir jener vor,
Der bei des Zeno buntem Thor
Verschwur die Menschheit und die Thränen;
Wie sehr er litt, so schrie er noch,
Die Schmerzen sind kein Uebel doch,
Und knirschte heimlich mit den Zähnen.[1]

Doch wann vom Loos der Sterblichkeit
Die Weisheit uns nicht ganz befreit
Und auch ein Antonin erlieget;
So lobt man doch den Steuermann,
Wann schon ein grimmiger Orcan
Zuweilen alle Kunst besieget.

Aus unsrer eignen Thorheit quillt,
Warum man oft das Schicksal schilt,
Es zückt aus Huld uns seine Gaben,
Ein jeder hasst sein eigen Loos,
Der Wahn macht falsche Güter groß,
Daß wir zum weinen Ursach haben.

Das Herz kann niemals müßig sein,
Es wird bei ungewissem Schein
Nach seinem Glücke hingetrieben

---

1   Posidonius, der, als Pompejus ihn an der Gicht liegend besuchte, schrie:
    Vergebens wüthe sein Pein, er werde niemals bekennen, daß der Schmerz
    ein Uebel sei.

Wann es nicht ächte Güter findt,
So lässt es sich, als wie ein Kind,
Ein Tand- und Tocken-Werk belieben.

Wie bei der Lampen düstrem Brand
Uns jedes Glas scheint ein Demant,
Sehn wir beim Feuer der Begierden;
Die Weisheit gleicht dem Sonnen-Strahl,
Sie zeigt der Dinge kleinstes Mahl
Und findet die verborgnen Zierden.

Die Weisheit öffnet unsern Sinn,
Sie sieht ins innre Wesen hin
Und lehret aus Erkenntniß wählen;
Sie findet Lust und Ruh zu Haus
Und gräbt aus uns die Güter aus,
Die nimmer eckeln, nimmer fehlen.

Wie dem, der vom Olympus sieht,
Der Menschen Pracht in nichts verflieht,
Und stolze Schlösser werden Hütten;
Die grösten Heere scheinen ihm,
Als wann, mit lächerlichem Grimm,
Um einen Halm Ameisen stritten:

So sieht in unzerstörter Ruh
Ein Weiser auch den Menschen zu
Und lacht der mühsamen Geberden,
Wann ihr Geschwärm den Platz verengt
Und sich um einen Tand verdrängt,
Worüber keiner froh wird werden.

Wir fliehn vor uns in das Gewühl,
Der Welt Gelärme hat zum Ziel,
Uns nicht bei uns allein zu lassen;
Was thut ein Griech an Multans Fluß?[2]
Daß er sich selbst nicht sehen muß
Und, wann er sich gekennet, hassen.

Wen einst der Wahrheit Liebe rührt,
Wird edlern Welten zugeführt

2   Alexander, den die Unruh seiner Seele bis in das äußerste Morgenland
    trieb, um durch das beständige Geräusch der Waffen und den schmeicheln-
    den Zuruf seiner Triumphe die Regung des Gewissens und die unerwünsch-
    ten Ueberlegungen zu betäuben.

Und sättigt sich mit Engel-Speise;
Im nähern wächst der Wahrheit Zier,
Mit dem Genuß steigt die Begier,
Und der Besitz ist in der Reise.

Du! dessen Geist, mit sichrer Kraft,
Den Umkreis mancher Wissenschaft
Mit einem freien Blick durchstrahlet,
Du hast, o Gessner! in der Brust
Ein Gränzen-loses Reich von Lust,
Das Silber weder schafft, noch zahlet.

Bald steigest du auf Newtons Pfad
In der Natur geheimen Rath,
Wohin dich deine Meß-Kunst leitet;
O Meß-Kunst, Zaum der Phantasie!
Wer dir will folgen, irret nie;
Wer ohne dich will gehn, der gleitet.

Bald suchst du in der Wunder-Uhr,
Dem Meister-Stücke der Natur,
Bewegt von selbst-gespannten Federn;
Du siehst des Herzens Unruh gehn,
Du kennst ihr eilen und ihr stehn
Und die Vernutzung an den Rädern.

Bald eilst du, wo die Parce droht,
Und scheinest in der nahen Noth,
Wie in dem Sturm Helenens Brüder;
Dein Anblick hebt die Schwachen auf,
Ihr Blut besänftigt seinen Lauf,
Mit dir kömmt auch die Hoffnung wieder.

Bald lockt dich Flora nach der Au,
Wo tausend Blumen stehn im Thau,
Die auf dein Auge buhlend warten;
Auch auf der Alpen kühler Höh
Liegt für dich unterm tiefen Schnee
Ein ungepflanzter Blumen-Garten.

Ich aber, dem zu höherm Flug
Das Glück die Flügel niederschlug,
Will mich am niedern Pindus setzen;[3]

3 Der zwar ein ziemlicher Berg an sich selbst ist, mit unsern Alpen aber in
   keine Vergleichung kömmt.

Da irr ich in dem grünen Wald
Um einen Ton, der richtig schallt
Und dich, o Gessner! kann ergötzen.

O könnt ich mit dem starken Geist,
Den noch die Welt am Maro preist,
Ein ewig Lied zur Nachwelt schreiben:
So solltest du und Stähelin
Bis zu den letzten Enkeln hin
Ein Muster wahrer Freunde bleiben!

13.

Gedanken bei einer Begebenheit

Jan. 1734.[1]

Vergnüge dich, mein Sinn, und laß dein Schicksal walten,
Es weiß, worauf du warten solt:
Das wahre Glück hat doch verschiedene Gestalten
Und kleidet sich nicht nur in Gold.

Dein Geist würkt ja noch frei in ungekränkten Gliedern,
Du hast noch Haus und Vaterland:
Worüber klagst du denn? nur Stolz schämt sich im niedern
Und Uebermuth im Mittelstand.

Was hülfe dich zuletzt der Umgang jener Weisen,
Die unerblasst zum Tode gehn?
Sollst du Beständigkeit in fremdem Beispiel preisen,
In deinem dir entgegen stehn?

Nein, bettle wer da will des Glückes eitle Gaben,
Im Wunsche groß, klein im Genuß;
Von mir soll das Geschick nur diese Bitte haben:
Gleich fern von Noth und Ueberfluß!

---

1   Diese Begebenheit war dem Verfasser höchst empfindlich und legte
    gleichwohl den wahren Grund zu seiner nachwärtigen und in einigen
    Umständen vortheilhaften Entfernung, als von welcher vermuthlich die
    Ausarbeitung aller seiner Schriften und das Kenntniß vieler Dinge abhieng,
    die im Vaterland ihm unbekannt geblieben wären.

14.

Ueber den Ursprung des Uebels

Erstes Buch

1734.

Dieses Gedicht habe ich allemal mit einer vorzüglichen Liebe angesehen. Die mir wohl bekannte Rauhigkeit einiger Stellen entschuldigte ich mit der moralischen Unmöglichkeit, gewisse Vorwürfe zugleich stark und dennoch angenehm zu malen. Die lange Mühe, die ich daran gewandt und die über ein Jahr gedauret hat, vermehrte meine Liebe, indem uns ordentlich alles lieber ist, was uns theurer zu stehen kömmt. Ich unterzog mich dieser Arbeit aus Hochachtung für einen Freund, der die Früchte seiner reifen Tugend schon längst in der Ewigkeit genießt. Das Ende gefiel ihm am wenigsten. Er sah es für zu kurz, zu abgebrochen und zu unvollständig an. Es können in der That noch bessre Ursachen für die Mängel der Welt gesagt werden. Aber ein Dichter ist kein Weltweiser, er malt und rührt und erweiset nicht. Ich habe also dieses Gedicht unverändert beibehalten, ob ich wohl bei gewissen Stellen hätte wünschen mögen, daß ich die nehmlichen Dinge deutlicher und fließen der hätte sagen können. Jetzt da mir die nahe Ewigkeit alles in einem ernsthaften Lichte zeigt, finde ich, die Mittel seien unverantwortlich verschwiegen worden, die Gott zum widerherstellen der Seelen angewendet hat, die Menschwerdung Christi, sein leiden, die aus der Ewigkeit uns verkündigte Wahrheit, sein genugthun für unsre Sünden, das uns dem Zutritt zu der Begnadigung eröffnet, alles hätte gesagt werden sollen. Ich könnte wohl zur Entschuldigung sagen, die Geister seien in meinem Gedichte mit den Menschen als Knechte des Uebels beschrieben, und für die Geister habe Gott keinen Mittler geschickt. Ich könnte mich auch auf die Macht der Sünde berufen, die ungeachtet des verdienstlichen leidens Jesu bei den Menschen herrscht. Ich fühle aber dennoch, daß in einem Gedichte, dessen Verfasser Gottes Gerechtigkeit und Güte vertheidigen wollte, alles hätte gesagt werden sollen, was Er zu unsrer Errettung gethan hat. Aber damals war mein Entwurf ganz allgemein und philosophisch, und jetzt ist es mir nicht mehr möglich, ein ohnedem fast meine Kräfte übersteigendes Werk umzugießen.

Auf jenen stillen Höhen,
Woraus ein milder Strom von stäten Quellen rinnt,
Bewog mich einst ein sanfter Abend-Wind,
In einem Busche still zu stehen.
Zu meinen Füßen lag ein ausgedehntes Land,
Durch seine eigne Größ umgränzet,

Worauf das Aug kein Ende fand,
Als wo Jurassus es mit blauen Schatten kränzet.[1]
Die Hügel decken grüne Wälder,
Wodurch der falbe Schein der Felder
Mit angenehmem Glanze bricht;
Dort schlängelt sich durchs Land, in unterbrochnen Stellen,
Der reinen Aare wallend Licht;
Hier lieget Nüchtlands Haupt in Fried und Zuversicht
In seinen nie erstiegnen Wällen.
So weit das Auge reicht, herrscht Ruh und Ueberfluß;
Selbst unterm braunen Stroh bemooster Bauren-Hütten
Wird Freiheit hier gelitten
Und nach der Müh Genuß.
Mit Schaafen wimmelt dort die Erde,
Davon der bunte Schwarm in Eile frisst und bleckt,
Wann dort der Rinder schwere Heerde
Sich auf den weichen Rasen streckt
Und den geblümten Klee im kauen doppelt schmeckt
Dort springt ein freies Pferd, mit Sorgen-losem Sinn,
Durch neu-bewachsne Felder hin,
Woran es oft gepflüget,
Und jener Wald, wen lässt er unvergnüget?
Wo dort im rothen Glanz halb nackte Buchen glühn
Und hier der Tannen fettes Grün
Das bleiche Moos beschattet;
Wo mancher heller Strahl auf seine Dunkelheit
Ein zitternd Licht durch rege Stellen streut
Und in verschiedner Dichtigkeit
Sich grüne Nacht mit güldnem Tage gattet.
Wie angenehm ist doch der Büsche Stille,
Wie angenehm ihr Widerhall,
Wann sich ein Heer glückseliger Geschöpfe
In Ruh und unbesorgter Fülle,
Vereint in einen Freudenschall!
Und jenes Baches Fall,
Der schlängelnd durch den grünen Rasen
Die schwachen Wellen murmelnd treibt
Und plötzlich, aufgelöst in Schnee- und Perlen-Blasen,
Durch gähe Felsen rauschend stäubt!
Auf jenem Teiche schwimmt der Sonne funkelnd Bild
Gleich einem diamantnen Schild,
Da dort das Urbild selbst vor irdischem Gesichte
In einem Strahlen-Meer sein flammend Haupt versteckt

---

1   Diese ganze Aussicht ist nach der Natur beschrieben.

Und, unsichtbar vor vielem Lichte,
Mit seinem Glanz sich deckt.
Dort streckt das Wetterhorn den nie beflognen Gipfel
Durch einen dünnen Wolken-Kranz;
Bestrahlt mit rosenfarbem Glanz,
Beschämt sein graues Haupt, das Schnee und Purpur schmücken,
Gemeiner Berge blauen Rücken.[2]
Ja, alles was ich seh, des Himmels tiefe Höhen,
In deren lichtem Blau die Erde grundlos schwimmt;
Die in der Luft erhabnen weißen Seen,
Worauf durchsichtigs Gold und flüchtigs Silber glimmt;
Ja, alles, was ich seh, sind Gaben vom Geschicke!
Die Welt ist selbst gemacht zu ihrer Bürger Glücke,
Ein allgemeines Wohl beseelet die Natur,
Und alles trägt des höchsten Gutes Spur!

Ich sann in sanfter Ruh dem holden Vorwurf nach,
Bis daß die Dämmerung des Himmels Farben brach,
Die Ruh der Einsamkeit, die Mutter der Erfindung,
Hielt der Begriffe Reih in schließender Verbindung,
Und nach und nach verknüpft kam mein verwirrter Sinn,
Uneinig mit sich selbst, zu diesen Worten hin:

Und dieses ist die Welt, worüber Weise klagen,
Die man zum Kerker macht, worin sich Thoren plagen!
Wo mancher Mandewil des guten Merkmal misst,[3]
Die Thaten Bosheit würkt und fühlen leiden ist.
Wie wird mir? Mich durchläuft ein Ausguß kalter Schrecken,
Der Schauplatz unsrer Noth beginnt sich aufzudecken,
Ich seh die innre Welt, sie ist der Hölle gleich:
Wo Qual und Laster herrscht, ist da wohl Gottes Reich?
Hier eilt ein schwach Geschlecht, mit immer vollem Herzen
Von eingebildter Ruh, und allzu wahrem Schmerzen,
Wo nagende Begier und falsche Hoffnung wallt,
Zur ernsten Ewigkeit; im kurzen Aufenthalt
Des nimmer ruhigen und nie gefühlten Lebens
Schnappt ihr betrogner Geist nach ächtem Gut vergebens.

2   Die niedrigen Gebürge, die von dem Thuner See nach dem luzernischen
    Gebiete sich erheben und über deren langen und blauen Rücken die hin-
    tere hohe Kette der obersten Alpen weit empor ragt. Unter den letztern
    sind das Wetterhorn, Schreckhorn und andere erstaunlich hohe Spitzen
    bekannt.

3   Der Verfasser des bekannten Gedichtes von den Bienen, der die Laster
    für eben so nützlich als Tugenden und für die Triebfedern alles unsers
    thuns angesehen hat.

So wie ein fetter Dunst, der aus dem Sumpfe steigt,
Dem irren Wandersmann sich zum verführen zeigt:
So lockt ein flüchtig Wohl, das Wahn und Sehnsucht färben,
Von Weh zu größerm Weh, vom Kummer zum Verderben.
Nie mit sich selbst vergnügt sucht jeder außenher
Die Ruh, die niemand ihm verschaffen kann, als er;
Sucht er in Arbeit Ruh und Leichterung in Bürden;
Umsonst hält die Vernunft das schwache Steuer an,
Der Lüste wilde See spielt mit dem leichten Kahn,
Bis der auf seichtem Sand und jener an den Klippen
Ein untreu Ufer deckt mit trocknenden Gerippen.
Wer ists, der einen Tag von tausenden erlebt,
Den nicht in seine Brust die Reu mit Feuer gräbt?
Wo ist in seltnem Stern ein Seliger geboren,
Bei dem der Schmerz sein Recht auf einen Tag verloren?
Was hilfts, daß Gott die Welt aufs angenehmste schmückt,
Wann ein verdeckter Feind uns den Genuß entrückt?
Aus unserm Herzen fließt des Unmuths bittre Quelle;
Ein unzufriedner Sinn führt bei sich seine Hölle.
Noch selig, wäre noch der Tage kurze Zahl
Für uns zugleich das Maaß des Lebens und der Qual!
Ach, Gott und die Vernunft giebt Gründe größrer Schrecken,
Vor jenem Leben kann kein Grabstein uns bedecken.
Nachdem der matte Geist die Jahre seiner Acht,
Verbannt in einen Leib, mit Elend zugebracht,
Schlägt über ihm die Noth mit voller Wuth zusammen,
Verzweiflung brennt in ihm mit nie geschwächten Flammen,
Und die Unsterblichkeit, das Vorrecht seiner Art,
Wird ihm zum Henker-Trank, der ihn zur Marter spart;
Im Haß mit seinem Gott, mit sich selbst ohne Frieden,
Von allem, was er liebt, auf immer abgeschieden,
Gepresst von naher Qual, geschreckt von ferner Noth,
Verflucht er ewig sich und hoffet keinen Tod.

Elende Sterbliche! zur Pein erschaffne Wesen!
O daß Gott aus dem nichts zum sein euch auserlesen,
O daß der wüste Stoff einsamer Ewigkeit
Noch läg im öden Schlund der alten Dunkelheit!
Erbarmens voller Gott! in einer dunkeln Stille
Regiert der Welten Kreis dein unerforschter Wille,
Dein Rathschluß ist zu hoch, sein Siegel ist zu fest,
Er liegt verwahrt in dir, wer hat ihn aufgelöst?
Dieß weiß ich nur von dir, dein Wesen selbst ist Güte,
Von Gnad und Langmuth wallt dein liebendes Gemüthe;
Du Sonne wirfest ja, mit gleichem Vater-Sinn,

Den holden Lebens-Strahl auf alle Wesen hin!
O Vater! Rach und Haß sind fern von deinem Herzen,
Du hast nicht Lust an Qual, noch Freud an unsern Schmerzen,
Du schufest nicht aus Zorn, die Güte war der Grund,
Weswegen eine Welt vor nichts den Vorzug fund!
Du warest nicht allein, dem du Vergnügen gönntest,
Du hießest Wesen sein, die du beglücken könntest,
Und deine Seligkeit, die aus dir selber fließt,
Schien dir noch seliger, so bald sie sich ergießt.
Wie daß, o Heiliger! du dann die Welt erwählet,
Die ewig sündiget und ewig wird gequälet?
War kein vollkommner Riß im göttlichen Begriff,
Dem der Geschöpfe Glück nicht auch entgegen lief?

Doch wo gerath ich hin? wo werd ich hingerissen?
Gott fodert ja von uns zu thun und nicht zu wissen!
Sein Will ist uns bekannt, er heißt die Laster fliehn
Und nicht, warum sie sind, vergebens sich bemühn.
Indessen, wann ein Geist, der Gottes Wesen schändet,
Die Einfalt, die ihm traut, mit falschem Licht verblendet
Und aus der Oberhand des Lasters und der Pein
Lehrt schließen, wie die Welt, so muß der Schöpfer sein,
Soll Manes im Triumph Gott und die Wahrheit führen?
Soll Gott verläumdet sein und uns kein Eifer rühren?
Ist stummer Glauben gnug, wann Irrthum kämpft mit Witz,
Und ihm zu widerstehn erwarten wir den Blitz?
Nein, also hat sich noch die Wahrheit nicht verdunkelt,
Daß nicht ihr reiner Strahl durch Dampf und Nebel funkelt;
So schwach ihr Glanz auch ist, kein Irrwisch bleibt vor ihr,
Ihr stammeln hat mehr Kraft als aller Lügen Zier.

O daß die Wahrheit selbst von ihrem Licht mir schenkte!
Daß dieses Himmels-Kind den Kiel mir selber lenkte!
Daß ihr sieghafter Schall, der durch die Herzen dringt,
Beseelte, was mein Mund ihr jetzt zu Ehren singt!

Zweites Buch

Im Anfang jener Zeit, die Gott allein beginnet,
Die ewig ohne Quell und unversiegen rinnet,
Gefiel Gott eine Welt, wo, nach der Weisheit Rath,
Die Allmacht und die Huld auf ihren Schauplatz trat.
Verschiedner Welten Riß lag vor Gott ausgebreitet,
Und alle Möglichkeit war ihm zur Wahl bereitet;
Allein die Weisheit sprach für die Vollkommenheit,

Der Welten würdigste gewann die Würklichkeit.
Befruchtet mit der Kraft des Wesen-reichen Wortes
Gebiert das alte nichts; den Raum des öden Ortes
Erfüllt verschiedner Zeug; die regende Gewalt
Erlieset, trennet, mischt und schränkt ihn in Gestalt.
Das dichte zog sich an, das Licht und Feuer ronnen,
Es nahmen ihren Platz die neugebornen Sonnen;
Die Welten welzten sich und zeichneten ihr Gleis,
Stäts flüchtig, stäts gesenkt, in dem befohlnen Kreis.
Gott sah und fand es gut, allein das stumme Dichte
Hat kein Gefühl von Gott, noch Theil an seinem Lichte;
Ein Wesen fehlte noch, dem Gott sich zeigen kann,
Gott blies, und ein Begriff nahm Kraft und Wesen an.
So ward die Geister-Welt. Verschiedne Macht und Ehre
Vertheilt, nach Stufen Art, die unzählbaren Heere,
Die, ungleich satt vom Glanz des mitgetheilten Lichts,
In langer Ordnung stehn von Gott zum öden nichts.
Nach der verschiednen Reih von fühlenden Gemüthern
Vertheilte Gott den Trieb nach angemessnen Gütern;
Der Art Vollkommenheit ward wie zum Ziel gesteckt,
Wohin der Geister Wunsch aus eignem Zuge zweckt.
Doch hielt den Willen nur das zarte Band der Liebe,
So daß zur Abart selbst das Thor geöffnet bliebe
Und nie der Sinn so sehr zum guten sich bewegt,
Daß nicht sein erster Wink die Wagschal überschlägt.
Dann Gott liebt keinen Zwang, die Welt mit ihren Mängeln
Ist besser als ein Reich von Willen-losen Engeln;
Gott hält vor ungethan, was man gezwungen thut,
Der Tugend Uebung selbst wird durch die Wahl erst gut.
Gott sah von Anfang wohl, wohin die Freiheit führet,
Daß ein Geschöpf sich leicht bei eignem Licht verlieret,
Daß der verbundne Leib zu viel vom Geiste heischt,
Daß das Gewühl der Welt den schwachen Sinn beräuscht
Und ein gemessner Geist nicht stäts die Kette findet,
Die den besondern Satz an den gemeinen bindet.
Zu Gottes Freund ersehn, zu edel für die Zeit,
Vergessen wir zu leicht den Werth der Ewigkeit;
Des äußern Zauber-Glanz verdeckt die innre Blöße,
Die stärkre Gegenwart erdrückt des fernern Größe.
Wer ists, der allemal der Neigung Stufe misst,
Wo nur das Mittel gut, sonst alles Laster ist?
Kein endlich Wesen kennt das mitsein aller Sachen,
Und die Allwissenheit kann erst unfehlbar machen.
Gott sah dieß alles wohl, und doch schuf er die Welt;
Kann etwas weiser sein, als das, was Gott gefällt?

Gott, der im Reich der Welt sich selber zeigen wollte,
Sah, daß, wann alles nur aus Vorschrift handeln sollte,
Die Welt ein Uhrwerk wird, von fremdem Trieb beseelt,
Und keine Tugend bleibt, wo Macht zum Laster fehlt.
Gott wollte, daß wir ihn aus Kenntniß sollten lieben
Und nicht aus blinder Kraft von ungewählten Trieben;
Er gönnte dem Geschöpf den unschätzbaren Ruhm,
Aus Wahl ihm hold zu sein und nicht als Eigenthum.
Der Thaten Unterscheid wird durch den Zwang gehoben:
Wir loben Gott nicht mehr, wann er uns zwingt zu loben;
Gerechtigkeit und Huld, der Gottheit Arme, ruhn,
So bald Gott alles würkt, und wir nichts selber thun.
Drum überließ auch Gott die Geister ihrem Willen
Und dem Zusammenhang, woraus die Thaten quillen.
Doch so, daß seine Hand der Welten Steur behielt,
Und der Natur ihr Rad muß stehn, wann er befiehlt.

So kamen in die Welt die neu-erschaffnen Geister,
Vollkommenes Geschöpf von dem vollkommnen Meister
In ihnen war noch nichts, das nicht zum guten trieb,
Kein Zug, der an die Stirn nicht ihren Ursprung schrieb;
Ein jedes einzle war in seiner Art vollkommen.
Dem war wohl mehr verliehn, doch jenem nichts benommen.

Der einen Wesen ward vom irdischen befreit,
Sie blieben näher Gott an Art und Herrlichkeit.
Euch kennt kein Sterblicher, ihr himmlischen Naturen!
Von eurer Trefflichkeit sind in uns wenig Spuren;
Nur dieses wissen wir, daß, über uns erhöht,
Ihr auf dem ersten Platz der Reih der Wesen steht.
Vielleicht empfangen wir, bei trüber Dämmrung Klarheit,
Nur durch fünf Oeffnungen den schwachen Strahl der Wahrheit;
Da ihr, bei vollem Tag, das heitere Gemüth
Durch tausend Pforten füllt und alles an euch sieht;
Daß, wie das Licht für uns erst wird mit unsren Augen,
Ihr tausend Wesen kennt, die wir zu sehn nicht taugen;
Und wie sich unser Aug am Kleid der Dinge stößt,
Vor eurem scharfen Blick sich die Natur entblößt.
Vielleicht findt auch bei uns der Eindruck der Begriffe
Im allzuseichten Sinn nicht gnug Gehalt und Tiefe,
Da bei euch alles haft und, sicher vor der Zeit,
Sich die lebhafte Spur, so oft ihr wünscht, verneut.
Vielleicht, wie unser Geist, gesperrt in enge Schranken,
Nicht Platz genug enthält zugleich für zwei Gedanken,
In euch der offne Sinn des vielen fähig ist,

Und den zu breiten Raum kein einzler Eindruck misst.
Doch unser wissen ist hierüber nur vermuthen,
Genug der Engel Sinn war ausgerüft zum guten,
Ihr Trieb zur Tugend war so stark als ihr Verstand,
Sie sehnten sich nach Gott, als ihrem Vaterland,
Und ewiglich bemüht mit loben und verehren
War all ihr Wunsch, ihr Licht zu Gottes Ruhm zu mehren.

Fern unter ihnen hat das sterbliche Geschlecht,
Im Himmel und im nichts, sein doppelt Bürgerrecht.
Aus ungleich festem Stoff hat Gott es auserlesen,
Halb zu der Ewigkeit, halb aber zum verwesen:
Zweideutig Mittelding von Engeln und von Vieh,
Es überlebt sich selbst, es stirbt und stirbet nie.

Auch wir, ach! waren gut: der Welt beglückte Jugend
Sah nichts, so weit sie war, als Seligkeit und Tugend;
Auch in uns prägte Gott sein majestätisch Bild,
Er schuf uns etwas mehr, als Herren vom Gewild.
Er legte tief in uns zwei unterschiedne Triebe,
Die Liebe für sich selbst und seines Nächsten Liebe.

Die eine niedriger, doch damals ohne Schuld,
Ist der fruchtbare Quell von Arbeit und Geduld:
Sie schwingt den Geist empor, sie lehrt die Ehre kennen,
Sie flammt das Feuer an, womit die Helden brennen,
Und führt im steilen Pfad, wo Tugend Dornen streut,
Den Welt-vergessnen Sinn nach der Vollkommenheit.
Sie wacht für unser Heil, sie lindert unsern Kummer,
Versöhnt uns mit uns selbst und stört des Trägen Schlummer;
Sie zeiget uns, wie heut für morgen sorgen muß,
Und speiset ferne Noth mit altem Ueberfluß.
Sie dämpft des Kühnen Wuth, sie waffnet den Verzagten;
Sie macht das Leben werth im Auge des Geplagten;
Sie sucht im rauhen Feld des Hungers Gegengift;
Sie kleidet Nackende vom Raub der fetten Trift;
Sie bahnete das Meer zur Beihülf unsres reisens,
Sie fand des Feuers Quell im Zweikampf Stein und Eisens;
Sie grub ein Erzt hervor, das alle Thiere zwung;
Sie kocht aus einem Kraut der Schmerzen Leichterung;
Sie spähte der Natur verborgne Eigenschaften;
Sie waffnete den Sinn mit Kunst und Wissenschaften.
O daß sie doch so oft, vor zartem Eifer blind,
In eingebildtem Glück ein wirklich Elend findt!

Viel edler ist der Trieb, der uns für andre rühret,
Vom Himmel kömmt sein Brand, der keinen Rauch gebieret;
Von seinem Ebenbild, das Gott den Menschen gab,
Drückt deutlicher kein Zug sein hohes Urbild ab.
Sie, diese Liebe, war der Menschen erste Kette,
Sie macht uns bürgerlich und sammelt uns in Städte,
Sie öffnet unser Herz beim Anblick fremder Noth,
Sie theilt mit Dürftigen ein gern gemisset Brot
Und würkt in uns die Lust, vom Titus oft verlanget,
Wann ein verwandt Geschöpf von uns sein Glück empfanget.
Die Freundschaft stammt von ihr, der Herzen süße Kost,
Die Gott, in so viel Noth, uns gab zum letzten Trost;
Sie steckt die Fackeln an, bei deren holdem scheinen
Zu beider Seligkeit zwei Seelen sich vereinen;
Das innige Gefühl, der Herzen erste Schuld,
Ist ein besondrer Zug der allgemeinen Huld.
Sie ist, was tief in uns für unsre Kinder lodert,
Sie macht die Müh zur Lust, die ihre Schwachheit fodert,
Sie ist des Blutes Ruf, der für die Kleinen fleht
Und unser innerstes, so bald er spricht, umdreht.
Ja auch dem Himmel zu gehn ihre reinen Flammen,
Sie leiten uns zu Gott, aus dessen Huld sie stammen,
Ihr Trieb zieht ewiglich dem liebenswürdgen zu
Und findt erst im Besitz des höchsten Gutes Ruh.

Noch weiter wollte Gott für unsre Schwachheit sorgen:
Ein wachsames Gefühl liegt in uns selbst verborgen,
Das nie dem Uebel schweigt und immer leicht versehrt,
Zur Rache seiner Noth den ganzen Leib empört.
Im zärtlichen Gebäu von wunderkleinen Schläuchen,
Die jedem Theil von uns die Kraft und Nahrung reichen,
Bräch alles Uebermaaß den schwachen Faden ab,
Und die Gesundheit selbst führt unvermerkt zum Grab.
Allein im weichen Mark der zarten Lebens-Sehnen
Wohnt ein geheimer Reiz, der, zwar ein Brunn der Thränen,
Doch auch des Lebens ist, der wider einen Feind,
Der sonst wohl unerkannt uns auszuhölen meint,
Uns zwingt zum Widerstand; er schließt die regen Nerven
Vor Frost und Salze zu, verflößet alle Schärfen
Durch Zufluß süßen Safts und kühlt gesalznes Blut
Durch Zwang vom heißen Durst, mit Strömen dünner Flut.
In allen Arten Noth, die unsre Glieder fäulet,
Ist Schmerz der bittre Trank, womit der Leib sich heilet.

Weit nöthiger liegt noch, im innersten von uns,
Der Werke Richterin, der Probstein unsers thuns:
Vom Himmel stammt ihr Recht; er hat in dem Gewissen
Die Pflichten der Natur den Menschen vorgerissen;
Er grub mit Flammenschrift in uns des Lasters Scheu
Und ihren Nachgeschmack, die bittre Kost der Reu.
Ein Geist, wo Sünde herrscht, ist ewig ohne Frieden,
Sie macht uns selbst zur Höll und wird doch nicht gemieden!

Versehn zu Sturm und See, in allem wohl bestellt,
Betraten wir nunmehr das weite Meer der Welt.
Die Werkzeug unsers Glücks sind allen gleich gemessen,
Jedweder hat sein Pfund, und niemand ist vergessen.
Zwar in der Seele selbst herrscht Maaß und Unterscheid,
Das Glück der Sterblichen will die Verschiedenheit;
Die Ordnung der Natur zeugt minder Gold als Eisen,
Der Staaten schlechtester ist der von eitel Weisen;[4]
Der eingetheilte Witz ist nirgend unfruchtbar,
Und jeder füllt den Ort, der für ihn ledig war.
Dort würkt ein hoher Geist, betrogen vom Geschicke,
Nur um sich selbst besorgt, an seines Landes Glücke;
Wann hier ein niedrer Sinn, mit Schweiß und Brot vergnügt,
Des Großen Unterhalt im heißen Feld erpflügt.

---

4   *Das une Isle remplie de parfait Stoiciens chaque Philosophe ignorant les*
    douceurs de la confiance et de l'amitié, ne pense qu'à se sequestrer des autres
    humains. Il a calculé ce qu'il en pouvoit attendre; les avantages qu'ils
    pourroient lui procurer, et les torts qu'ils pourroioent lui faire, et a rompu
    tout commerce avec eux. Nouveau Diogène, il fait consister sa perfection à
    occuper un tonneau plus étroit que celui de son voisin. Essais de Phil. Mor.
    par Mr. de Maupertuis. Diese Stelle ist eine so genaue Erklärung meines
    Gedankens, daß ich mich über das Glücke verwundre, welches mir sie
    durch einen so berühmten Mann zugeschickt zu haben scheint, das aber
    doch viele Jahre später sich geäußert hat. Ich erinnere mich hier eines
    Unbills, den der verstorbene Herr Präsident in seinen Œvres Philosophiques
    mir angethan hat. Er sagt, ich sei über seine Erklärung wegen des berüch-
    tigten la Mettrie nicht zu befriedigen gewesen, da doch die größte Eigen-
    liebe sich daran hätte sättigen können. Wie hat doch diese Anklage dem
    Herrn Maupetuis entfahren und von andern ihm nachgeschrieben werden
    können, da ich nicht nur eben diese Erklärung selbst in Göttingen habe
    abdrucken und meinen Freunden austheilen lassen, sondern ihr auch in
    meinen kleinen deutschen Schriften eine Stelle gelassen habe, ohne dabei
    das geringste Merkmal eines Missvergnügens zu bezeigen. Wohl aber sind
    andre berühmte Männer, und zumal Hr. König, der mit dem Hrn. v.M.
    im Streit lebte, der Meinung gewesen, er hätte über die Verläumdungen
    und offenbare Erdichtungen seines Landsmanns mehr Abscheu bezeugen
    können. Aber wie kann ich für andrer Gesinnungen haften? –

Hier sucht ein weiser Mann, bei Nacht und stillem Oele,
Des Körpers innre Kraft, das Wesen seiner Seele;
Wann dort mit schwächrem Licht, gleich nützlich in der That,
Ein Weib sein Haus beherrscht und Kinder zieht dem Staat.

Doch nur im Zierat herrscht der Unterscheid der Gaben,
Was jedem nöthig ist, muß auch ein jeder haben;
Kein Mensch verwildert so, dem eingebornes Licht
Nicht, wann er sich vergeht, sein erstes Urtheil spricht.
Die Kraft von Blut und Recht erkennen die Huronen,
Die dort an Mitschigans beschneiten Ufern wohnen,[5]
Und unterm braunen Süd fühlt auch der Hottentott
Die allgemeine Pflicht und der Natur Gebot.

Drittes Buch

O Wahrheit! sage selbst, du Zeugin der Geschichte!
Wer machte Gottes Zweck und unser Glück zu nichte?
Wer wars, der wider Gott die Geister aufgebracht
Und uns dem Laster hold, uns selber feind gemacht?

Verschieden war der Fall verschiedner Geister-Orden:
Der einen Trefflichkeit ist ihr Verderben worden,
Die Kenntniß ihres Lichts gebar ihr Finsterniß,
Sie hielten ihre Kraft für von sich selbst gewiß
Und, voll von ihrem Glanz, verdrüßlich aller Schranken,
Misskennten sie den Gott, dem sie ihn sollten danken;
Ihr allzu starker Trieb nach der Vollkommenheit
Ward endlich zum Gefühl der eignen Würdigkeit;
Ihr Stolz fieng an in Haß die Furcht vor Gott zu kehren,
Als ohne den sie selbst der Wesen erste wären.
So wich ihr Schwarm von Gott, dem Ursprung seines Lichts,
Ihr Glanz, entlehnt von Gott, fiel bald ins eigne nichts;
Nichts blieb an ihnen gut. Gott hatten sie verlassen,
Der Liebe wahren Zweck verschwuren sie zu hassen,
Des höchsten Guts Genuß war ewiglich verscherzt,
Der Sinn war missvergnügt, des Urtheils Licht geschwärzt.
In ihrem Wesen selbst, worin sie sich verstiegen,
Fand sich kein innrer Quell von stätigem Vergnügen:
Ihr Aufruhr rächte Gott, ihr Hochmuth ward zur Schmach,
Das böse war gewählt, das Uebel folgte nach;
Bis daß Reu ohne Buß, Verzweiflung an dem Heile,
Und Missgunst ohne Macht den Frevlern ward zum Theile;

---

5   See in Nord-Amerika, woran vormals die Huronen gewohnt.

Da dort die treue Schaar, die niemals Gott verließ,
In seiner Gegenwart der Geister Paradies
Und Tag fund ohne Nacht, da ewig hoh und steigend
Ihr Stand der Gottheit naht und keinen Eckel zeugend
In der Begierd genießt und im Genuß begehrt
Und ihren Geist mit Licht, das Herz mit Wollust nährt.

Das Uebel, dessen Macht den Himmel konnte mindern,
Fund wenig Widerstand bei Adams schwachen Kindern.
Ein stäter Bilder-Kreis schwebt spielend vor dem Sinn,
Der wählt zur Gegenwart, behält und sendet hin;
Bald hatte Lust und Zier das ernstliche verdrungen,
Der Müh und Tugend Bild schien trocken und gezwungen,
Die Seele hängte sich an Ruh und Lustbarkeit,
Der Tugend Kraft nahm ab durch die Abwesenheit,
Auch lockt der Leib zur Lust mit zärtlicher Verbindung,
Bedacht wich dem Genuß und Kenntniß der Empfindung.
Zudem, was endlich ist, kann nicht unfehlbar sein,
Das Uebel schlich sich auch in uns durch Irrthum ein.
Der schwache Geist verlor der Neigungen Verwaltung,
Wir wendeten in Gift die Mittel der Erhaltung,
Die Triebe der Natur misskennten Ziel und Maaß,
Bis das, was himmlisch war, sein hoh Geschick vergaß.
Der Schönheit Liebe trieb zu unerlaubten Lüsten,
Die Sorg um Unterhalt zu Haß und bittren Zwisten;
Der Ehre rege Sucht schwoll in den Herzen auf.
Gewissen und Vernunft hemmt zwar des Uebels Lauf,
Doch ihr verhasster Mund, voll unberedter Lehren,
Behielt allein das Recht, zu tadeln, nicht zu wehren.
Wir alle sind verderbt, der allgemeine Gift
Ist beide Welten durch den Menschen nachgeschifft.
Gold, Ehr und Wollust herrscht, so weit der Mensch gebietet,
Und alles was ein Herz, von diesen schwanger, brütet:
Betrug mit falschem Blick, die Lust an andrer Leid,
Verachtung fremden Werths, Verläumdung, Brut vom Neid,
Verführung schwacher Zucht, der Gottesdienst des Bauches,
Fruchtloser Müßiggang, der Hunger eitlen Rauches,
Und so viel Seuchen mehr, von denen undurchwühlt
Kein Herz mehr übrig bleibt, das echte Frucht erzielt.
Verschiedene Gestalt bedeckt die Ungeheuer,
Die Kunst der Ehrbarkeit leiht manchen ihren Schleier,
Wann andrer, die die Scheu mit keiner Larve deckt,
Erborne Hässlichkeit die Augen trotzt und schreckt.
Geringer Unterscheid! der auf der Haut nur lieget,
Nicht in das innre dringt und niemand mehr betrieget!

Noch Zeit, noch Land, noch Schwang vermag auf die Natur,
Der Quell fließt überall, der Auslauf ändert nur.
Vergebens rühmt ein Volk die Unschuld seiner Sitten,
Es ist nur jünger schlimm und minder weit geschritten:
Der Lappen ewig Eis, wo, allzu tief geneigt,
Die Sonne keinen Reiz zur Ueppigkeit erzeugt,
Schließt nicht die Laster aus, sie sind, wie wir, hinlässig,[6]
Geil, eitel, geizig, träg, missgünstig und gehässig,
Und was liegt dann daran, bei einem bittren Zwist,
Ob Fisch-Fett oder Gold des Zweispalts Ursach ist?
Wer von der Tugend weicht, entsaget seinem Glücke
Und beugt sein Engels-Recht zu eines Thiers Geschicke.
Die Pflichten sind der Weg, den Gott zur Wohlfahrt giebt,
Ein Herz, wo Laster herrscht, hat nie sich selbst geliebt.
Von außen fließt kein Trost, wann uns das innre quälet,
Uns eckelt der Genuß, so bald die Nothdurft fehlet;
Die Schätze dieser Welt sind nur des Leibes Heil;
Der wahre Mensch, der Geist, nimmt daran keinen Theil;
So bleibt der müde Geist bei falschen Gütern öde,
Der Eckel im Genuß entdeckt das innre Blöde,
Nie froh vom itzigen, stäts wechslend, keinem treu,
Erfährt der Glücklichste, wie nichtig alles sei.
Vergebens übertrifft das Schicksal unsre Bitten,
Die Welt hat Philipps Sohn und nicht die Ruh erstritten;[7]
Ein Thor rennt nach dem Glück, kein Ziel schließt seine Bahn,
Wo er zu enden meint, fängt er von neuem an.

Doch auch das Schatten-Glück erfreut den Menschen selten,
Weil Gold und Ehre nichts als durch den Vorzug gelten:
Die Güter der Natur sind endlich und gezählt,
Die einen werden groß von dem, was andern fehlt:
Ein Sieger wird berühmt durch tausend andrer Leichen,
Und ganzer Dörfer Noth macht einen eingen Reichen:
Der Schönen holdes Ja, die einem sich ergiebt,
Verurtheilt die zur Qual, die da, wo er, geliebt.
Wir streiten in der Welt um diese falschen Güter,
Der Eifer, nicht der Werth, erhitzet die Gemüther;
Wie Kinder (wer ist nicht in einem Stück ein Kind?)
Oft um ein streitig nichts sich in den Haaren sind
Bald dieß, bald jenes siegt und trotzet mit dem Balle,
Bei keinem bleibt die Lust, und der Verdruß drückt alle.

6   Siehe Höngströms Beschreibung.
7   Alexander der Große.

Wir schwitzen, kümmern, flehn, verschwenden Zeit und Blut,
Was wir von Gott erpresst, ist endlich keinem gut.

So findt man wahre Noth, wo man Vergnügen suchet,
Der Zepter wird so oft, als wie der Pflug, verfluchet.
Die Furcht, der Seele Frost, der Flammenstrom, der Zorn,
Die Rachsucht ohne Macht, des Kummers tiefer Dorn,
Die wache Eifersucht, bemüht nach eignem Leide,
Der Brand der Ungeduld, der theure Preis der Freude,
Der Liebe Folter-Bett, der leeren Stunden Last
Fliehn von der Hütten Stroh und herrschen im Pallast.
Noch stärker peitscht den Geist das zornige Gewissen;
Noch Macht, noch Haß von Gott befreit von seinen Bissen;
Sein fürchterlicher Ruf dringt in der Fürsten-Saal,
In Gold und Purpur bebt Octaviens Gemahl[8]
Und siehet, wo er geht, so sehr er sucht zu schlafen,
Vor ihm den offnen Schlund voll unfehlbarer Strafen.

Der Leib, das Meisterstück der körperlichen Pracht,
Folgt seinem Gaste bald und fühlt des Uebels Macht.
Vollkommen hatt er einst, geschickt zu Gottes Bilde,
Die Unschuld noch zum Arzt und Einigkeit zum Schilde,
Dem Tode minder nah und vielleicht frei davon,
Nahm er Theil an der Lust und nimmt itzt Theil am Lohn,
Die Zeit muß seit dem Fall ihr Sandglas gäher stürzen,
Die Mordsucht grub ein Erzt, die kurze Frist zu kürzen,
Tod, Schmerz und Krankheit wird ergraben und erschifft,
Und unsre Speise macht der Ueberfluß zum Gift.
Der Sorgen Wurm verzehrt den Balsam unsrer Säfte,
Der Wollust gäher Brand verschwendet des Leibes Kräfte,
Verwesend, abgenutzt und nur zum Leiden stark
Eilt er zur alten Ruh und sinket nach dem Sark.

Der Geist, von allem fern, womit er sich bethöret,
Sieht sich in einer Welt, wovon ihm nichts gehöret;
Nur geht mit ihm ins Reich der öden Dunkelheit
Ein unerträglich Bild der eignen Hässlichkeit.
Gold, Ehre, Wollust, Tand, wonach er sich gesehnet,
Verblendung, Selbstbetrug, worauf er sich gelehnet,
Witz, Ansehn, Wissenschaft, der Eigenliebe Spiel,
Von allem bleibt ihm nichts, als des Verlusts Gefühl.
Der Thaten Unterscheid ist bei ihm umgedrehet,
Er hasst, was er geliebt, und ehrt, was er verschmähet,

8   Der Kaiser Nero.

Und brächte, könnt es sein, jedweden Augenblick,
Worin er sich versäumt, mit Jahren Pein zurück.
Die Wahrheit, deren Kraft der Welt Gewühl verhindert,
Findt nichts, das ihr Gefühl in dieser Wüste mindert;
Ihr fressend Feur durchgräbt das innre der Natur
Und sucht im tiefsten Mark des Uebels mindste Spur.
Das gute, das versäumt, das böse, so begangen,
Die Mittel, die verscherzt, sind eitel Folter-Zangen,
Von stäter Nachreu heiß. Er leidet ohne Frist,
Weil er gepeiniget und auch der Henker ist.

O selig jene Schaar, die, von der Welt verachtet,
Der Dinge wahren Werth und nicht den Wahn betrachtet,
Und, treu dem innren Ruf, der sie zum Heile schreckt,
Sich ihre Pflicht zum Ziel von allen Thaten steckt!
Gesetzt, daß Welt und Hohn und Armuth sie misshandeln,
Wie angenehm wird einst ihr Schicksal sich verwandeln,
Wann dort, beim reinen Licht, ihr Geist sich selbst gefällt,
Das überwundne Leid zu seiner Wollust hält
Und innig hold mit Gott, dem Urbild ihrer Gaben,
Sie Gott, das höchste Gut, in stäter Nähe haben!

Indessen ist die Welt, die Gott zu seinem Ruhm
Und unserm Glücke schuf, des Uebels Eigenthum:
In allen Arten ist das Loos des guten kleiner,
Wo tausend gehn zur Qual, entrinnt zur Wohlfahrt einer,
Und für ein zeitlich Glück, das keiner rein genießt,
Folgt ein unendlich Weh, das keine Ruh beschließt.
O Gott voll Gnad und Recht, darf ein Geschöpfe fragen:
Wie kann mit deiner Huld sich unsre Qual vertragen?
Vergnügt, o Vater, dich der Kinder Ungemach?
War deine Lieb erschöpft? ist dann die Allmacht schwach?
Und konnte keine Welt des Uebels ganz entbehren,
Wie ließest du nicht eh ein ewig Unding währen?

Verborgen sind, o Gott! die Wege deiner Huld,
Was in uns Blindheit ist, ist in dir keine Schuld.
Vielleicht, daß dermaleinst die Wahrheit, die ihn peinigt,
Den umgegossnen Geist durch lange Qualen reinigt
Und, nun dem Laster feind, durch dessen Frucht gelehrt,
Der Willen, umgewandt, sich ganz zum guten kehrt;
Daß Gott die späte Reu sich endlich lässt gefallen,
Uns alle zu sich zieht und alles wird in allen.
Dann seine Güte nimmt, auch wann sein Mund uns droht,
Noch Maaß, noch Schranken an und hasset unsern Tod.

Vielleicht ersetzt das Glück vollkommener Erwählten
Den minder tiefen Grad der Schmerzen der Gequälten;
Vielleicht ist unsre Welt, die wie ein Körnlein Sand
Im Meer der Himmel schwimmt, des Uebels Vaterland!
Die Sterne sind vielleicht ein Sitz verklärter Geister,
Wie hier das Laster herrscht, ist dort die Tugend Meister,
Und dieses Punkt der Welt von mindrer Trefflichkeit
Dient in dem großen All zu der Vollkommenheit;
Und wir, die wir die Welt im kleinsten Theile kennen,
Urtheilen auf ein Stück, das wir vom Abhang trennen.

Dann Gott hat uns geliebt, wem ist der Leib bewusst?
Sagt an, was fehlt daran zur Nutzbarkeit und Lust?
Seht den Zusammenhang, die Eintracht in den Kräften,
Wie jedes Glied sich schickt zu menschlichen Geschäften,
Wie jeder Theil für sich und auch für andre sorgt,
Das Herz vom Hirn den Geist, dieß Blut von jenem borgt;
Wie im bequemsten Raum sich alles schicken müssen,
Wie aus dem ersten Zweck noch andre Nutzen fließen,
Der Kreis-Lauf uns belebt und auch vor Fäulung schützt,
Der ausgebrauchte Theil von uns sich selbst verschwitzt,
Und unser ganzer Bau ein states Muster scheinet
Von höchster Wissenschaft, mit höchster Huld vereinet!
Soll Gott, der diesen Leib, der Maden Speis und Wirth,
So väterlich versorgt, so prächtig ausgeziert,
Soll Gott den Menschen selbst, die Seele nicht mehr schätzen?
Dem Leib sein Wohl zum Ziel, dem Geist sein Elend setzen?
Nein, deine Huld, o Gott, ist allzu offenbar!
Die ganze Schöpfung legt dein liebend Wesen dar:
Die Huld, die Raben nährt, wird Menschen nicht verstoßen,
Im kleinen ist er groß, unendlich groß im großen.

Wer zweifelt dann daran? ein undankbarer Knecht!
Drum werde, was du willst, dein wollen ist gerecht!
Noch Unrecht, noch versehn kann vom Allweisen kommen,
Du bist an Macht, an Gnad, an Weisheit ja vollkommen!
Wann unser Geist gestärkt dereinst dein Licht verträgt
Und uns des Schicksals Buch sich vor die Augen legt;
Wann du der Thaten Grund uns würdigest zu lehren,
Dann werden alle dich, o Vater! recht verehren
Und kündig deines Raths, den blinde Spötter schmähn,
In der Gerechtigkeit nur Gnad und Weisheit sehn!

15.

Zueignungs-Schrift an den Hochwohlgebornen gnädigen Herrn, Herrn Isaac Steiger, des Standes Bern Schultheißen

1734.

Der alten Schweizer tapfre Hand
Hat noch ein rauher Muth geführet,
Ihr Sinn war stark und ungezieret,
Und all ihr Witz war nur Verstand.

Nicht, daß man uns verachten soll:
Der Freiheit Sitz und Reich auf Erden
Kann nicht an Geist unfruchtbar werden;
Wer frei darf denken, denket wohl!

Nein, ihr im Stahl erzogner Sinn
Fand keinen Reiz an mindrer Ehre;
Vom Anblick ihrer furchtbarn Heere
Floh Scherz und Muse schüchtern hin.

Itzt, daß der Sieg uns Friede giebt,
Ist auch der Zierat rühmlich worden;
Man pries sonst bloß ein sieghaft morden,
Itzt wird ein reiner Lob geliebt.

Du, dessen Scharfsicht nichts umschränkt,
Vor dem nichts würdigs liegt verborgen,
Hast oftmals, satt von höhern Sorgen,
Auch Dichtern einen Blick geschenkt.

Das alte Vorrecht unsrer Kunst
Ist ja der Beifall großer Männer,
Je größrer Fürst, je größrer Kenner,
Das zeigt Augusts und Ammons Gunst.

Warum zeugt nicht dein glücklich Land
Wie große Häupter große Sänger?
Warum bleibt wahres Lob nicht länger,
Als was die Schmeichelei erfand?

Doch Männern deiner Trefflichkeit
Versagt der Himmel keine Kronen;
Er lohnt Mäcenen mit Maronen
Und Tugend mit Unsterblichkeit!

16.

Beim Beilager des Hochwohlgebornen gnädigen Herrn Isaac Steiger, Herrn zu Almedingen, des Standes Bern Schultheißen, Mit der Hochwohlgebornen Frauen Elisabeth von Erlach, vermählten Lombach

14. Mai 1735.

Man würde Unrecht thun, wenn man dieses Gedicht mit den gewöhnlichen feilen Glückwünschen vermengte. Eine zwanzigjährige Reihe von Gutthaten und unzertrennliche Bande von Erkenntlichkeit haben mich an das hohe Haus verknüpft, dessen beglückte Begebenheit der Vorwurf dieser Ode ist.

Verschwiegne Saiten! stimmt euch wieder,
Kein Tag war mehr der Musen werth!
Belebt mit Tönen meine Lieder,
Von denen, die die Nachwelt hört![1]
Nichts niedrigs hab ich vorgenommen,
Nur Töne, die vom Herzen kommen,
Nur Töne, die zum Herzen gehn;
Beim edlen Vorwurf, den ich wähle,
Soll auch in der gemeinsten Seele
Der Ode hoher Geist entstehn.

Von dir, o Steiger! will ich wagen
Zu singen, was dein Volk itzt spricht,
Was auch die Enkel sollen sagen,
Betrüget sonst mein Herz mich nicht.
O könnt ich dich, auf Pindars Schwingen,
Der Ewigkeit entgegen bringen,
Wo wahrer Helden Namen sind!
Wie würde sich dein Nüchtland freuen,
Wann es dich, in den ersten Reihen,
Bei Paulen und Valeren findt!

Ich sage, wann ich an dir merke,
Und sag es unentfärbt vor dir:
Der Klugheit nie vergebne Stärke,
Der weisen Reden kurze Zier,
Die Freundlichkeit der holden Sitten,
Die auch der Feinde Herz erstritten,

---

1   Mariane Wyß von Mathod, des Verfassers erste Gemahlin, war eine Tochter-Tochter der Schwester des Herrn Schultheißen Steiger.

Des Staates innre Wissenschaft:
Auf deines Nüchtlands erstem Sitze
Fehlt deinem Herzen, deinem Witze
Noch itzt ein Schauplatz ihrer Kraft.

Des Himmels Gunst, die seltnen Seelen
Freigebig setzet ihren Preis,
Ließ auch an dir kein Zeichen fehlen,
Woran man sie zu kennen weiß;
Sie hub, aus niedrigern Geschäften,
Dich nach und nach mit sichtbarn Kräften
Durch alle Stufen auf den Thron.
O wahrlich edle Art der Würde
Und einzig würdig der Begierde!
Sie ist der eignen Thaten Lohn.

Doch eines Staats-Manns äußrer Schimmer
Ist eine Pracht, die Kummer deckt;
Das Herz bleibt öd und ruhet nimmer,
Wann es nicht treue Freundschaft schmeckt.
Ein Herrscher opfert sich dem Staate;
Von seiner Müh und wachem Rathe
Ist er allein, der nichts genießt;
Unselig, wann nicht treue Liebe
Die Zuflucht seiner Seele bliebe,
Die Lust auf seine Sorgen gießt.

Du auch, der dein bemühtes Leben
Der Bürger Wohlfahrt hast geweiht,
Wirst uns nunmehr ein Beispiel geben
Von wohl-verdienter Seligkeit.
Des Vaterlandes schwere Sorgen,
Die wachen Nächt und frühen Morgen
Sind keinem so, wie dir, bewusst;
Drum ist der Wille des Geschickes,
Daß du, o Vater unsers Glückes,
Auch endlich theilst mit unsrer Lust!

Ein ungetadeltes Geblüte,
Das seine Ahnen nicht mehr zählt,
Ein Sinn, der Munterkeit und Güte,
Der Feur und Sittsamkeit vermählt,
Ein nur um dich bemühter Wille,
Ein Herz, das Huld und sanfte Stille
Zu deiner Ruhstatt öffnen wird:

Die, welche deiner werth gewesen,
Hat dir der Himmel auserlesen,
Der sie für dich hat ausgeziert.

O selig, die ihr Glück verdienen!
Sie fürchten keinen Unbestand,
Der Himmel lässt ihr Alter grünen
Und gönnt ihr Wohl dem Vaterland.
O könntest du die Herzen sehen,
Die Kraft und Leben dir erflehen,
Der Waisen stumme Fröhlichkeit!
Die sinds, o Steiger! die den Segen
Auf dich seit vielen Jahren legen,
Der sich auf deinem Stamm verneut.

O späte soll dein Aug ermüden,
Vor dem Verfall und Unruh fliehn!
Sieh Freiheit und den güldnen Frieden
Noch unter unsern Kindern blühn!
So viel Verdienst, so manche Tugend
Verdienet mehr als eine Jugend,
Verdient den Dank noch einer Zeit;
Dein Staat, dein Volk, die dich verehren,
Bewusst des Werths, den sie verlören,
Missgönnen dich der Ewigkeit!

17.

Unvollkommenes Gedicht über die Ewigkeit[1]

1736.

Ihr Wälder! wo kein Licht durch finstre Tannen strahlt
Und sich in jedem Busch die Nacht des Grabes malt;
Ihr holen Felsen dort! wo im Gesträuch verirret
Ein trauriges Geschwärm einsamer Vögel schwirret;
Ihr Bäche! die ihr matt in dürren Angern fließt[2]
Und den verlornen Strom in öde Sümpfe gießt;

1 Auf daß sich niemand an den Ausdrücken ärgere, worin ich vor dem
   Tode, als von einem Ende des Wesen, oder der Hoffnung spreche, so ist
   es nötig zu berichten, daß alle diese Reden Einwürfe haben sein sollen,
   die ich würde beantwortet haben, wann ich fähig wäre diese Ode zu Ende
   zu bringen. Ein zweites Leben ist dennoch ausdrücklich angenommen.

2 Es sind Tofwasser, die die feuchten Wiesen, in die sie sich ergießen, san-
   dicht und dürre machen.

Erstorbenes Gefild und Grausen-volle Gründe,
O daß ich doch bei euch des Todes Farben fünde!
O nährt mit kaltem Schaur und schwarzem Gram mein Leid!
Seid mir ein Bild der Ewigkeit!
Mein Freund ist hin!
Sein Schatten schwebt mir noch vor dem verwirrten Sinn,
Mich dünkt, ich seh sein Bild und höre seine Worte;
Ihn aber hält am ernsten Orte,
Der nichts zu uns zurücke lässt,
Die Ewigkeit mit starken Armen fest.

Kein Strahl vom künftigen verstörte seine Ruh,
Er sah dem Spiel der Welt noch heut geschäftig zu;
Die Stunde schlägt, der Vorhang fällt,
Und alles wird zu nichts, was ihm so würklich schien.
Die dicke Nacht der öden Geister-Welt
Umringt ihn jetzt mit Schrecken-vollen Schatten;
Und die Begier ist, was er noch behält
Von dem, was seine Sinnen hatten.
Und ich? bin ich von höherm Orden?
Nein, ich bin, was er war, und werde, was er worden;
Mein Morgen ist vorbei, mein Mittag rückt mit Macht,
Und eh der Abend kömmt, kann eine frühe Nacht,
Die keine Hoffnung mehr zum Morgen wird versüßen,
Auf ewig mir die Augen schließen.

Furchtbares Meer der ernsten Ewigkeit!
Uralter Quell von Welten und von Zeiten!
Unendlichs Grab von Welten und von Zeit!
Beständigs Reich der Gegenwärtigkeit!
Die Asche der Vergangenheit
Ist dir ein Keim von Künftigkeiten.
Unendlichkeit! wer misset dich?
Bei dir sind Welten Tag und Menschen Augenblicke.
Vielleicht die tausendste der Sonnen welzt itzt sich,
Und tausend bleiben noch zurücke.
Wie eine Uhr, beseelt durch ein Gewicht,
Eilt eine Sonn, aus Gottes Kraft bewegt;
Ihr Trieb läuft ab und eine zweite schlägt,
Du aber bleibst und zählst sie nicht.

Der Sterne stille Majestät,
Die uns zum Ziel befestigt steht,
Eilt vor dir weg, wie Gras an schwülen Sommer-Tagen;
Wie Rosen, die am Mittag jung

Und welk sind vor der Dämmerung,
Ist gegen dich der Angelstern und Wagen.

Als mit dem Unding noch das neue Wesen rung
Und, kaum noch reif, die Welt sich aus dem Abgrund schwung,
Eh als das schwere noch den Weg zum Fall gelernet
Und auf die Nacht des alten nichts
Sich goß der erste Strom des Lichts,
Warst du, so weit als itzt, von deinem Quell entfernet.
Und wann ein zweites nichts wird diese Welt begraben,
Wann von dem alles selbst nichts bleibet als die Stelle,
Wann mancher Himmel noch, von andern Sternen helle,
Wird seinen Lauf vollendet haben,
Wirst du so jung als jetzt, von deinem Tod gleich weit,
Gleich ewig künftig sein, wie heut.

Die schnellen Schwingen der Gedanken,
Wogegen Zeit und Schall und Wind
Und selbst des Lichtes Flügel langsam sind,
Ermüden über dir und hoffen keine Schranken.
Ich häufe ungeheure Zahlen,
Gebürge Millionen auf;
Ich welze Zeit auf Zeit und Welt auf Welten hin,
Und wann ich auf der March des endlichen nun bin
Und von der fürchterlichen Höhe
Mit Schwindeln wieder nach dir sehe,
Ist alle Macht der Zahl, vermehrt mit tausend Malen,
Noch nicht ein Theil von dir;
Ich tilge sie, und du liegst ganz vor mir.

O Gott! du bist allein des Alles Grund!
Du, Sonne, bist das Maaß der ungemessnen Zeit,
Du bleibst in gleicher Kraft und stetem Mittag stehen,
Du giengest niemals auf und wirst nicht untergehen,
Ein einzig Itzt in dir ist Ewigkeit!
Ja, könnten nur bei dir die festen Kräfte sinken,
So würde bald, mit aufgesperrtem Schlund,
Ein allgemeines nichts des Wesens ganzes Reich,
Die Zeit und Ewigkeit zugleich,
Als wie der Ocean ein Tröpfchen Wasser, trinken.

Vollkommenheit der Größe!
Was ist der Mensch, der gegen dich sich hält!
Er ist ein Wurm, ein Sandkorn in der Welt;
Die Welt ist selbst ein Punkt, wann ich an dir sie messe.

Nur halb gereiftes nichts, seit gestern bin ich kaum,
Und morgen wird ins nichts mein halbes Wesen kehren;
Mein Lebenslauf ist wie ein Mittags-Traum,
Wie hofft er dann, den deinen auszuwähren?

Ich ward, nicht aus mir selbst, nicht, weil ich werden wollte;
Ein etwas, das mir fremd, das nicht ich selber war,
Ward auf dein Wort mein Ich. Zuerst war ich ein Kraut,
Mir unbewusst, noch unreif zur Begier
Und lange war ich noch ein Thier,
Da ich ein Mensch schon heißen sollte.
Die schöne Welt war nicht für mich gebaut,
Mein Ohr verschloß ein Fell, mein Aug ein Staar,[3]
Mein denken stieg nur noch bis zum empfinden,
Mein ganzes Kenntniß war Schmerz, Hunger und die Binden.
Zu diesem Wurme kam noch mehr von Erdenschollen
Und von des Mehles weißem Saft;
Ein innrer Trieb fieng an die schlaffen Sehnen
Zu meinen Diensten auszudehnen,
Die Füße lernten gehn durch fallen,
Die Zunge beugte sich zum lallen,
Und mit dem Leibe wuchs der Geist.
Er prüfte nun die ungeübte Kraft,
Wie Mücken thun, die, von der Wärme dreist,
Halb Würmer sind und fliegen wollen.
Ich starrte jedes Ding als fremde Wunder an;
Ward reicher jeden Tag, sah vor und hinter heute,
Maß, rechnete, verglich, erwählte, liebte, scheute,
Ich irrte, fehlte, schlief und ward ein Mann!
Itzt fühlet schon mein Leib die Näherung des nichts!
Des Lebens lange Last erdrückt die müden Glieder;
Die Freude flieht von mir mit flatterndem Gefieder
Der Sorgen-freien Jugend zu.
Mein Eckel, der sich mehrt, verstellt den Reiz des Lichts
Und streuet auf die Welt den Hoffnungs-losen Schatten;
Ich fühle meinen Geist in jeder Zeil ermatten
Und keinen Trieb, als nach der Ruh!

3 Dieses natürliche in dem ungebornen Kinde die Augen schließende Fell
   habe ich in den upsalischen Abhandlungen beschrieben.

18.

Ueber Marianens anscheinende Besserung

Den 16. October 1736.

Dieses kleine Gedicht, worin die Poesie schwach und nichts als die Rührung des Herzens noch einigermaßen poetisch ist, hat die Zeichen einer Besserung zum Vorwurf, die nach der Ankunft und klugen Sorge des erfahrnen und glücklichen Arztes, Herrn Leib-Medici Werlhofs, sich an dieser geliebten Kranken gewiesen hatten. Es war die Arbeit einer einsamen Stunde, und zwei Tage darauf machte ein unverhoffter Tod der Freude des Ehemannes ein trauriges Ende.

Ich sah, mit tiefgerührtem Herzen,
Der Mariane nahen Tod
Und las in jedem Blick mehr Schmerzen,
In jedem Athemzug mehr Noth.
Ich netzte die geliebte Brust
Mit meinen abgehärmten Wangen
Und hielt mit Angst und zagendem Verlangen
Vor dem annahenden Verlust
Den holden Leib umfangen.
Zuletzt wandt ich mit einem Blicke,
Worin mit der Verzweifelung
Noch etwas matter Hoffnung rung,
Mich nach dem strafenden Geschicke.

Muß ich sie missen, die ich liebe,
Und neben der ich nichts geliebt?
Was hätt ich, wenn sie mir nicht bliebe?
Straft dann der Himmel auch die Triebe,
Die er uns selbst befiehlt und giebt?

Ist keine Kraft in wahren Thränen?
Dringt denn mein seufzen nicht zu dir?
Herr! deine Weisheit schilt mein sehnen;
Du willst mich von der Welt entwehnen,
Sie war mir nur noch werth in ihr.

Herr! was du willst, das soll geschehen,
Auch weinend ehr ich deinen Rath;
Doch hört dein Will auf unser flehen,
So laß auch mich die Gnade sehen,
Die oft ein reines Herz erbat!

Aufrichtig flehen wird erhöret:
Ich sprach, und durch den dunkeln Sinn
Fuhr auch zugleich ein Strahl von neuer Hoffnung hin;
Die Fluten Angst, die sich in mir empöret,
Vertobten nach und nach;
Ein innres Wort, ein höhrer Tröster, sprach
Zu dem von Angst und tiefen Schmerzen
Schon lang gepressten Herzen:
Wer thut und trägt, was Gott gebeut,
Aus Gottes Willen macht den seinen,
Und küsst die Hand, die Strafe dreut,
Wird danken, wo er meint zu weinen.

Es kam der Mann, den Gott erwählte,[1]
Ein Werkzeug seiner Huld zu sein;
Er sah, was die Geliebte quälte,
Mit unbetrogner Scharfsicht ein.
Gleich legte sich der Brand, der in den Adern glühte,
Das heimlich starke Gift, verjagt aus dem Geblüte,
Wich minder edlen Stellen zu;
Ihr Herz fand Kraft, ihr Haupt die Ruh.
Ein frischer Trieb fuhr in die matten Glieder,
Sie sah das fast verlassne Licht
Mit halb verblendetem Gesicht,
Die Welt und mich erkannte sie nun wieder.

Vater! es hat deine Gnade
Mit der Menschen flehn Geduld;
Aber gieb, daß deine Huld
Nicht mehr Schulden auf uns lade!
Laß ihr Leben, dein Geschenke,
Fruchtbar sein an Dank und Treu;
Gieb, daß es mich nie erfreu,
Daß ich nicht an dich gedenke!

---

1 Der Herr Leibmedicus Werlhof. Er verließ in der That die werthe Kranke
   in bessern Umständen; aber die verräthrische Krankheit, der Friesel, schlug
   zurück, ein innerliches Geschwür brach durch, und der Tod raffte sie
   plötzlich weg.

19.

Trauer-Ode, beim Absterben seiner geliebten Mariane[1]

Nov. 1736.

Soll ich von deinem Tode singen?
O Mariane! welch ein Lied,
Wann Seufzer mit den Worten ringen
Und ein Begriff den andern flieht!
Die Lust, die ich an dir empfunden,
Vergrößert jetzund meine Noth;
Ich öffne meines Herzens Wunden
Und fühle nochmals deinen Tod.

Doch meine Liebe war zu heftig,
Und du verdienst sie allzuwohl,
Dein Bild bleibt in mir viel zu kräftig,
Als daß ich von dir schweigen soll.
Es wird, im Ausdruck meiner Liebe,
Mir etwas meines Glückes neu,
Als wann von dir mir etwas bliebe,
Ein zärtlich Abbild unsrer Treu!

Nicht Reden, die der Witz gebieret,
Nicht Dichter-Klagen fang ich an;
Nur Seufzer, die ein Herz verlieret,
Wann es sein Leid nicht fassen kann.
Ja, meine Seele will ich schildern,
Von Lieb und Traurigkeit verwirrt,
Wie sie, ergötzt an Trauer-Bildern,
In Kummer-Labyrinthen irrt!

Ich seh dich noch, wie du erblasstest,
Wie ich verzweiflend zu dir trat,
Wie du die letzten Kräfte fasstest,
Um noch ein Wort, das ich erbat.
O Seele, voll der reinsten Triebe,
Wie ängstig warst du für mein Leid!
Dein letztes Wort war Huld und Liebe,
Dein letztes thun Gelassenheit.

---

1 Aelteste Tochter des Herrn Samuel Wyß, Herrn zu Mathold und la Mothe,
und Marien von Dießbach, die der Verfasser den 19. Febr. 1731 geheirathet
und den 30. Octob. 1736 durch de Tod verloren hat, da er eben einen
Monat vorher in Göttingen angekommen war.

Wo flieh ich hin? in diesen Thoren
Hat jeder Ort, was mich erschreckt!
Das Haus hier, wo ich dich verloren;
Der Tempel dort, der dich bedeckt;
Hier Kinder – ach! mein Blut muß lodern
Beim zarten Abdruck deiner Zier,
Wann sie dich stammelnd von mir fodern;
Wo flieh ich hin? ach! gern zu dir!

O soll mein Herz nicht um dich weinen?
Hier ist kein Freund dir nah als ich.
Wer riß dich aus dem Schooß der deinen?
Du ließest sie und wähltest mich.
Dein Vaterland, dein Recht zum Glücke,
Das dein Verdienst und Blut dir gab,
Die sinds, wovon ich dich entrücke;
Wohin zu eilen? in dein Grab!

Dort in den bittern Abschieds-Stunden,
Wie deine Schwester an dir hieng,
Wie, mit dem Land gemach verschwunden,[2]
Sie unserm letzten Blick entgieng;
Sprachst du zu mir mit holder Güte,
Die mit gelassner Wehmuth stritt:
»Ich geh mit ruhigem Gemüthe,
Was fehlt mir? Haller kömmt ja mit!«

Wie kann ich ohne Thränen denken
An jenen Tag, der dich mir gab!
Noch jetzt mischt Lust sich mit dem kränken,
Entzückung löst mit Wehmuth ab.
Wie zärtlich war dein Herz im lieben,
Das Schönheit, Stand und Gut vergaß,
Und mich allein nach meinen Trieben
Und nicht nach meinem Glücke maß.

Wie bald verließest du die Jugend
Und flohst die Welt, um mein zu sein;
Du miedst den Weg gemeiner Tugend
Und warest schön für mich allein.
Dein Herz hieng ganz an meinem Herzen
Und sorgte nicht für dein Geschick;

2   Die Reise nach Göttingen fieng zu Schiff an.

Voll Angst bei meinem kleinsten Schmerzen,
Entzückt auf einen frohen Blick.

Ein nie am eiteln fester Wille,
Der sich nach Gottes Fügung bog;
Vergnüglichkeit und sanfte Stille,
Die weder Glück noch Leid bewog;
Ein Vorbild kluger Zucht an Kindern,
Ein ohne Blindheit zartes Herz;
Ein Herz, gemacht mein Leid zu mindern,
War meine Lust und ist mein Schmerz.

Ach! herzlich hab ich dich geliebet,
Weit mehr als ich dir kund gemacht,
Mehr als die Welt mir Glauben giebet,
Mehr als ich selbst vorhin gedacht.
Wie oft, wann ich dich innigst küsste,
Erzitterte mein Herz und sprach:
»Wie? wann ich sie verlassen müsste!«
Und heimlich folgten Thränen nach.

Ja, mein Betrübniß soll noch währen,
Wann schon die Zeit die Thränen hemmt;
Das Herz kennt andre Arten Zähren,
Als die die Wangen überschwemmt.
Die erste Liebe meiner Jugend,
Ein innig Denkmal deiner Huld,
Und die Verehrung deiner Tugend
Sind meines Herzens stäte Schuld.

Im dicksten Wald, bei finstern Buchen,
Wo niemand meine Klagen hört,
Will ich dein holdes Bildniß suchen,
Wo niemand mein Gedächtniß stört.
Ich will dich sehen, wie du giengest,
Wie traurig, wann ich Abschied nahm!
Wie zärtlich, wann du mich umfiengest,
Wie freudig, wann ich wiederkam!

Auch in des Himmels tiefer Ferne
Will ich im dunkeln nach dir sehn
Und forschen, weiter als die Sterne,
Die unter deinen Füßen drehn.
Dort wird an dir die Unschuld glänzen
Vom Licht verklärter Wissenschaft;

Dort schwingt sich aus den alten Gränzen
Der Seele neu entbundne Kraft!

Dort lernst du Gottes Licht gewöhnen,
Sein Rath wird Seligkeit für dich;
Du mischest mit der Engel Tönen
Dein Lied und ein Gebet für mich.
Du lernst den Nutzen meines leidens,
Gott schlägt des Schicksals Buch dir auf;
Dort steht die Absicht unsers scheidens
Und mein bestimmter Lebenslauf.

Vollkommenste! die ich auf Erden
So stark und doch nicht gnug geliebt!
Wie liebens-würdig wirst du werden,
Nun dich ein himmlisch Licht umgiebt.
Mich überfällt ein brünstigs hoffen,
O! sprich zu meinem Wunsch nicht nein!
O! halt die Arme für mich offen!
Ich eile, ewig dein zu sein!

20.

Ueber eben Dieselbe

Febr. 1737.

Geliebte! wann itzt solch ein Name
Nicht zu vermessen ist von mir,
Ich weiß, daß nichts von Leid und Grame
Mehr Wege finden kann zu dir;
Doch, wann vom Licht der wahren Sonne
Noch Strahlen fallen niederwärts,
So wirf auch du, vom Sitz der Wonne,
Ein Aug auf deines Hallers Herz.

Dich heißet mich die Welt vergessen!
Dich tadelt man in meiner Brust!
Mein Herz, ein Herz, das dich besessen,
Soll offen sein für andre Lust!
Ja, dich und mich schmäht der zusammen,
Der mein Betrübniß unterbricht;
O kennt er selber reine Flammen,
Er schölte meine Thränen nicht!

Doch wenig kennen wahre Liebe,
Die Anmuth zeugt und Tugend weiht;
Sie ist kein Freibrief wilder Triebe,
Nicht eine Magd der Ueppigkeit.
Dein lieben war mein Leid ergötzen
Mit heimlich sorgender Geduld;
Mein lieben war mich selig schätzen,
Belohnung suchen deiner Huld.

Ihr holden Jahre, die wir beide
Einander, ach! so kurz gemacht,
O hätt ich nur, was wir im Leide
Bei manchem Sturme hingebracht!
Wir suchten Ruh in zärterm scherzen,
Wie Tauben, die ein Wetter fliehn,
Und fanden Lust, selbst in den Schmerzen,
Weil unsre Treu nie heller schien.

O Bern! o Vaterland! o Worte
Voll reger Wehmuth, banger Lust!
O zärtlich Bild geliebter Orte,
Voll wunder Spuren in der Brust!
O bleibt bei mir, erneut die Stunden,
Da sie die Hand mir zitternd gab!
Wo seid ihr? ach, ihr seid verschwunden!
Ich bin allein, sie deckt ein Grab.

Ein Grab? in deinen schönen Tagen?
Du Rose, frisch vom reinsten Blut?
Ach ja! dort ward sie hingetragen,
Hier ist der Tempel, wo sie ruht,
Der Stein, den ich beschrieben habe –
O wie ists hier so öd und still!
O hier ists, wo in ihrem Grabe,
Ich meine Schmerzen enden will.

Ja, fern von allen, die uns lieben,
Die Blut und Freundschaft uns verband,
Hier, wo mir nichts als du geblieben,
Hier ist mein letztes Vaterland!
Hier, wo kein Freund wird um mich weinen,
Wo nichts ist mein, als deine Gruft,
Hier steht mein Grabmal bei dem deinen,
Wohin mich mein Verhängniß ruft.

O daß ich doch dich lieben musste!
Wie glücklich warst du ohne mich!
Dein Muth, der nichts von Sorgen wusste,
Sah nichts als Lust und Scherz um dich!
Du warst vergnügt, gesucht bei allen,
Mit Tugend, Zierd und Gut geschmückt!
O hätt ich niemals dir gefallen!
Wär ich nur arm und du beglückt!

Doch nein! ich kann mein Glück nicht hassen,
Und deine Huld verdient nicht Reu;
Gott hat dich mir aus Wahl gelassen;
Er liebet uns mit weiser Treu;
Gott ists, der dich der Welt genommen,
Der mich vielleicht dir schaden sah;
Der mich den gleichen Weg heißt kommen;
O sei er rauh, ist er nur nah!

O Wonne! flammendes Entzücken!
O Freude, die die Zunge bindt!
O Thränen nur, dich auszudrücken,
Gefühl, das keine Worte findt!
O dort ist sie, im selgen Heere!
Beim Stuhl des Lamms, am Lebens-Fluß!
Ach! daß mein Leib verwesen wäre,
Der mich von ihr noch trennen muß!

21.

Ueber das Einweihungs-Fest der Göttingischen hohen Schule

1737.

Was reget sich in meinem Busen?
Ist es Verwundrung? ist es Lust?
Gelinde Triebe stiller Musen,
Fühl ich euch nicht in meiner Brust?
Nicht der Trompeten wildes blasen,
Nicht eines Sieges schädlichs rasen,
Ein Glück, das tausend elend macht;
Nein, mich rührt eine reine Wonne,
Ein Tag, so neidlos als die Sonne,
An wohlthun reicher als an Pracht!

Was seh ich? eine sanfte Klarheit,
Ein düstres Land wird hell davon:
O Himmels-Kind! du bist die Wahrheit,
Die Segens-Spur verräth dich schon!
Dein starker Strahl zerstreut die Schatten,
Die Zeit und Wahn befestigt hatten,
Die Seelen selber machst du neu!
O Schönheit! für den Geist gezieret,
Wen einst dein zwingend Licht gerühret,
Bleibt keinem mindern Gute treu.

Wer ist die Schaar, die dich begleitet?
Auf die dein Blick mit Vorzug fällt?
Ein Weg von Strahlen, der sie leitet,
Bindt an den Himmel unsre Welt.
Der keusche Reiz von ihren Zügen,
Ihr lehrend Spiel, ihr still Vergnügen –
O Musen! eilt nicht von uns hin!
Liebt diesen Sitz, den man euch bauet!
Zeigt euch, wie euch Athen geschauet
Und ward der Erde Lehrerin!

Sie stehn; die eine sucht die Stille
Und ihrer Saiten holde Kraft;
Sie spielt, und der bezwungne Wille
Verlernt die Wuth der Leidenschaft;
Die kluge Zeugin der Geschichte
Zeigt unserm sonst zu kurzen Lichte
Im vorigen das künftige;
Mit ernster Kraft, im letzten fernen,
Sucht jene, jenseits allen Sternen,
Der Gottheit unerschöpfte See.

Mir schwindelt: wo sind Zeit und Gränzen?
Die Nachwelt kömmt und preist dies Fest;
Ich seh ein Licht den Enkeln glänzen,
Dem dieser Tag den Schein verlässt.
Ein Geist, noch unreif zu dem Wesen,
Wird heut zur Größe schon erlesen,
Verknüpft in dieses Tages Riß;
So lagen in Athens beginnen
Des späten Plato starke Sinnen
Verborgen, aber doch gewiß.

So ists, da blüht der Musen Ehre,
Wo man der Weisheit Würde schätzt;
Wo wird mehr Werth auf ächte Lehre,
Auf Trefflichkeit mehr Preis gesetzt?
Die Mutter rühmlicher Exempel,
Belohnung, sichert diesen Tempel
Vor feiger Armuth Sklaverei;
Erhabner Seelen theure Morgen,
Zu edel für gemeine Sorgen,
Stehn hier zum Dienst der Wahrheit frei.

Wer aber ists, der euch beschützet?
Ihr Musen! zeigts der Nachwelt an!
Sagt, wenn der Marmor schon vernützet,
Das, was ihr seht, hat er gethan!
O Fürsten! unter Millionen
Kiest Gott sich einen aus zu Kronen
Und zählt ihm aller Schicksal ein;
O lernt am Beispiel, das ihr schauet,
Gott hat ihm seine Macht vertrauet,
Ein Werkzeug seiner Huld zu sein.

Schweigt, Musen, aber von dem Britten,
Der Helden würdigstem Gebiet;
Sagt nicht, wie kühn der Löw gestritten,
Mengt keine Welfen in sein Lied!
Zu oft malt ein gemeiner Dichter
An seinem Helden Neben-Lichter
Und schwächt sein Lob mit fremdem Ruhm;
Lehrt ihr die Menschen tiefer sehen:
Georgens Thron ist Gottes Lehen
Und der Gebrauch sein Eigenthum!

Er ists, dem so viel Völker danken,
Daß Frieden ihre Saaten schützt;
Der, mit gerechter Klugheit Schranken,
Die Herrschsucht hemmt und Schwache stützt.
Ihn waffnet Macht und Muth zum Kriege,
Doch liebt er Frieden mehr als Siege,
Mehr unser Glück als fremdes Land;
Er ists, der nie aus Ehrsucht kämpfet
Und, was ein Held am letzten dämpfet,
Zu theuren Nachruhm überwand.

Sein Geist dringt durch mit sichrer Stärke,
Wo er gemeine Wohlfahrt findt;
Aus Güte liebt er große Werke,
Und Wunder, wann sie heilsam sind.
Ein Fluß fiel tobend in die Thäler,
Weil die Natur der Erde Fehler
Zu weiser Fürsten Uebung ließ;
Er sprach – und Berge wurden Tiefen,
Und die gezähmten Wellen liefen
Durch Klippen, die er weichen hieß.[1]

Ja, weiter als die Welt der Alten
Wirft er den segensreichen Blick,
Und würdig, beide zu verwalten,
Macht er noch einer Erde Glück;
Ein wildes Volk lernt Tugend nennen[2]
Und bessrer Sitten Würde kennen,
Ein jeder Wald wird eine Stadt;
Es eilt, beglückt und gut zu werden,
Und preist das Glück der andern Erden,
Die dich, o Vater! bei sich hat.

Doch, Herr! im göttlichen Gemüthe,
Das für so viele Staaten wacht,
Ist auch für scheue Musen Güte,
Du hast den Tag uns groß gemacht.
Die Völker an der sanften Leine
Sehn heut ein Fest von seltnem Scheine,
Das keiner sah, noch mehr wird sehn;
Und jeder wünscht zu deinem Leben
Von seinen Jahren zuzugeben,
Dich seinen Kindern zu erflehn.

O Musen! wer kann würdig singen?
Ehrt selbst den Stifter eurer Ruh!
Legt einem Geist des Maro Schwingen
Zu meiner Treu und Eifer zu!
Noch rühmt auf den gelinden Saiten
Melpomene die stillen Zeiten,
Wo man den Held als Vater sieht;

1   Die vortreffliche Schleuse zu Hameln, wodurch die gefährliche Schifffahrt
    auf der Weser von einem großen Theil ihrer Beschwerlichkeit befreit
    worden ist.
2   Das neu-bewohnte Georgien.

Bald aber füllt, gereizt zum kriegen,
George Land und See mit Siegen:
Calliope! dein ist dieß Lied!

22.

An Se. Excellenz Herrn Gerlach Adolf v. Münchhausen, Sr. Königl. Majestät von Groß-Britannien und Churfürstl. Durchl. zu Braunschweig-Lüneburg hochbetrauten geheimden Rath, Groß-Vogt zu Celle und königl. hohen Repräsentanten. Bei der Einweihung der Georg-Augustus-Universität, unter fremden Namen

Den 17. Sept. 1737.

Der auf der erhabnen Stelle eines königl. Ministers nun die Belohnung
seiner hohen Verdienste genießende Herr v. Behr, in dessen Namen
dieses Gedicht unserm erlauchten Wohlthäter überreicht worden ist,
wird die so lang schon verschobene Bekanntmachung desselben nicht
in Ungnaden vermerken, die auf Seiten des Verfassers eine schuldige
Pflicht der wahrhaftigsten Dankbarkeit ist. (Auch dieser edle Freund
der Göttingischen hohen Schule lebt nicht mehr.)

Nimm, Herr! mit der gewohnten Huld
Dieß Opfer deiner Söhne!
Die Treu, die uns beseelt, begehrt von dir Geduld
Und deckt die Fehler unsrer Töne.
Es ist ein Lied, durch keinen Witz geschwächt,
Und ohne Sorge schlecht.
O sieh in uns gerührter Herzen Regung,
Die, überschwemmt mit wallender Bewegung,
In ungesuchte Worte bricht;
Das wagt kein Schmeichler nicht.

Wahrheit hat ein redend Leben,
Dessen Kraft kein Witz ersann;
Was das Herz hat eingegeben,
Hat kein Heuchler nachgethan;
Künstler lernen schmeichelnd malen,
Doch die Schönheit selbst hat Strahlen,
Die die Kunst nicht schaffen kann.

O daß du niemals angehört,
Was Freunde, die sich nichts verhehlen,
Wo niemand ihre Freiheit stört,
Von dir mit wahrem Ruhm erzählen!

Er hats vollbracht, sie steht, *Georg Auguste,*
Und, was dem Neid unmöglich heißen musste,
Sie blüht und ist schon groß.
Ein einsam Volk, in öder Ruh erzogen,
Wird itzt der Reinlichkeit, ja selbst der Zier gewogen
Und öffnet fremdem Witz die ungewohnte Schooß.
Die Handlung streut, aus arbeitsamen Händen,
Bequemlichkeit und Reichthum aus;
Die Ordnung zieht die Stadt aus ihrem Graus,
Und selbst des Eckels Klagen enden;
Der Lehrstuhl ist besetzt, und eine muntre Jugend
Lernt mit der Weisheit auch die Tugend.

Wunder von bemühter Güte!
Muster von der Tugend Kraft!
Da ein einziges Gemüthe
Ganzer Länder Wohlstand schafft;
Was wir an Augusten loben,
Alles ist dein Eigenthum;
Aus dem Staub durch dich erhoben
Wächst sie und mit ihr dein Ruhm!

Ja, deiner Klugheit muß sich endlich alles fügen,
Was das Verhängniß dir zur Prüfung vorgelegt;
Und deiner Tugend gönnt der Himmel das Vergnügen,
Daß, was du pflanztest, itzt schon frühe Früchte trägt.
Die wohlgewogne Wahl der Lehrer aller Orden,
Erkiest aus manchem Volk, aus jeder Wissenschaft,
Und denen bloß durch deiner Güte Kraft
Ein unberühmtes Land zum Vaterland geworden;
Die selbst dem Haß zu starke Huld;
Die Großmuth ungehoffter Gaben,
Die auch die Bitte nicht gekostet haben;
Dein unermüdlich Aug, an tausend Orten wach,
Für nichts zu stolz, für nichts zu schwach,
Sind es, die durch ein Meer von Hinderungen
Georg Augustens Glück errungen.
Das Elend weicht getrost von deinem Angesichte;
Du bist gerecht, doch gnädig selbst der Schuld;
Du bist gelehrt und gütig minderm Lichte;
Bemüht und voll von freudiger Geduld;
Und Tugenden, die sonst sich hassen,
Beredt die Frömmigkeit, in dir sich zu umfassen.
Bescheidenster, du hörest uns nicht gern
Und wehrest deinem Ruhm, sich dir zu zeigen;

Doch Werke reden, wann wir schweigen;
Wir sagten mehrers, wärst du fern!

Eitle Ruhmsucht mag sich schämen,
Unverdientes Lob zu nehmen,
Das den innern Unwerth schilt;
Tugend darf ihr Lob wohl hören,
Will die Demuth gleich es stören,
Ist es doch ihr wahres Bild.

O sieh ein unerkäuflich Lob,
Der Helden höchsten Preis, die wahrer Werth erhob!
Von den gedrungnen Schaaren,
Die um dein Antlitz heut so emsig waren,
Ist nicht ein Herz, das nicht dir gleiche Namen giebt,
Ist niemand, der dich nicht sich selbst zu Liebe liebt.
Kein Mensch, dem nicht dein Ruhm so werth als seiner ist,
Nicht einer, der dich nicht so groß wünscht, als du bist.

Herr! so viele tausend Seelen
Haben einen Wunsch für dich,
Unsre treue Sorgen zählen
Jeden Tag, der dir entwich;
O mach einst das Glück der Kinder,
Die dich heut noch angelacht!
Und ihr Zeiten, eilt gelinder,
Die er einzig gülden macht!

23.

**Antwort an Herrn Johann Jakob Bodmer, Professor und des Großen
Raths zu Zürich**

1738.

O Freund, der, fern von mir, im Schooß der Vaterstadt
Noch itzt ein schätzbar Herz mir vorbehalten hat,
Wie soll dein Lied mein Leid, mein ewig Leid vermindern?
Kann eines Freundes Schmerz des Freundes Schmerzen lindern?
Nein, mein noch wundes Herz, von langer Wehmuth weich,
Fühlt alles, was du sagst, und weint mit dir zugleich.
Es wünsche, wer da will, ein Herz, das nie sich bindet,
Das von der Liebe nichts, als den Genuß, empfindet,
Das vorige vergisst, ans künftige nicht denkt
Und nur ans jetzige sich, klug wie Thiere, henkt;

Das giebt die Weisheit nicht. Sie lehrt dich wohl die Wege,
Die nach der Hoheit gehn, verlernt und öde Stege!
Du hast, getrost durch sie, und kühn durch eigne Kraft,
Schon längst den Götzendienst des Wahnes abgeschafft,
Dem Ausdruck, Schall und Reim ihr wahres Amt erlesen,
Dem schönen der Natur zur Zierde, nicht zum Wesen,
Und Teutschlands künftig Volk den Weg zum Ruhm gelehrt,
Dann der wird niemals groß, der noch, was klein ist, ehrt.
Doch der Natur entgehn, der Thränen Aufruhr zwingen,
Dem Blute widerstehn, das wird dir nicht gelingen.
Dein zärtliches Gefühl, das jede Schönheit schätzt,
Das der Gedanken Preis aus Grund und Urtheil setzt,
Die Stimme der Natur erkennt in Miltons Thränen
Und Josephs Wehmuth fühlt und Philoctetens sehnen,[1]
Das schadet dir, o Freund! es dehnt dir den Verlust
In ferne Folgen auch, es schließt die eckle Brust
Vor schnödem Troste zu, es öffnet deiner Klage
Die Aussicht ohne Ziel in unerwünschte Tage;
Und ruft das werthe Bild und jeder Stunde Glück
Und jeden holden Zug zu deiner Qual zurück.

Wie aber fragst du dann, ob meine Schmerzen dauren?
Ich leide mehr als du, wie soll ich minder trauren?
Zwar ich gesteh dir gern, daß jedem, wann er weint,
Sein klagen billiger als alles klagen scheint;
Und kündig seiner Noth, von jener nicht gedrücket,
Er gern sein eignes Leid weit über alle rücket.
Doch hör auch dieses Herz, das alle Lust der Welt,
Das Wollust, Ruhm und Gold – ein schlechtes Lösegeld! –
Für Marianen bot; und gönne meinem leiden
Den Trost, den bittern Trost des Vorzugs unter beiden!

Ein Kind ist noch ein Baum, von eitlen Blättern grün,
Die Nachwelt erbt die Frucht, wir leben kaum zum blühn;
Ihr unerfahrnes Herz erwidert unser lieben
Mit unfruchtbarer Gunst und mit zertheilten Trieben;

1   Es sind Leute gewesen, die diese zwei Reime nicht verstehen konnten.
    Miltons Thrähnen sind seine betrübten Gedanken über den Verlust seines
    Gesichtes. Josephs Wehmuth ist die mit natürlicher Einfalt rührende Ge-
    schichte des Josephs im ersten Buche Mosis, wodurch ein großer Mann,
    bei dem die Menschenliebe sowohl als die Weisheit herrschte, auch nach
    oft widerholtem durchlesen allemal noch zum weinen gebracht worden
    ist. Philoctetens sehnen ist die Beschreibung der Klagen des in einer öden
    Insel verlassenen Philoctetes im Telemach, die ich nie ohne Wehmuth zu
    lesen vermocht habe.

Sie lieben, fürchten, thun und wünschen nur für sich,
Und ihrer jüngern Welt wird unsre hinderlich.

Viel anders ist ein Weib, das unter allen Wesen
Zu unserm Eigenthum sich selber auserlesen,
In dessen treuer Schooß das Herz entladen ruht
Und auch das innerste der Sorgen von sich thut;
Die mit uns wünscht und traurt, mit unsrer Ehre pranget,
Nichts anders hat als uns, nichts für sich selbst verlanget.
Ihr Leben ist für uns, der Jugend Frühlings-Zeit,
Der reifen Jahre Frucht ist alles uns geweiht,
Auch Fehler straft sie nicht und sucht die irren Sinnen
Mit zärtlicher Geduld sich wieder zu gewinnen.
Ein stärkrer Eigennutz, des Glückes Unbestand,
Raubt nie den sichern Freund, trennt nie das enge Band.
Bequemlichkeit und Zier wächst unter ihren Wegen,
Und jedem Blick von ihr wallt unser Herz entgegen.
Wann die Natur sie noch mit äußerm Schmuck begabt
Und unser irdisch Herz mit Reiz und Schönheit labt,
Gewiß, so können sich die unverklärten Seelen,
Zum Himmel noch nicht reif, zum Glücke nichts mehr wählen.

So war, die ich verlor, an jedem Vorzug reich,
Gewählet für mein Herz und meinen Wünschen gleich.
Auf einer öden Au, an der gelinden Leine,
Besucht mich oft ihr Bild und höret, wann ich weine,
Ihr himmlisch Bild, das itzt das Licht der Ewigkeit
Mit stiller Majestät verherrlicht überstreut.
Mein Herz wallt aus der Brust, wann ich sie innen werde,
Ein klopfend ängstig Weh erhebt mich von der Erde,
Mein Sinn, verwirrt vor Angst, vor Schmerzen und Begier,
Wünscht bald sie wieder mein, bald aber mich zu ihr;
Bis Thränen endlich frei, nicht ohne Wollust, quillen
Und mein empörtes Herz mit sanfter Wehmuth stillen.

Ists möglich, sag ich oft, daß ich sie jemals sah?
Wie so gar nichts ist mehr von meinem Glücke da!
Ach! nur ein Blick von ihr, nur eine von den Stunden,
Die zwischen ihr und mir oft ungefühlt verschwunden,
Ein Laut, wie noch mein Herz zu hören manchmal gläubt,
Wann Lieb und Phantasie den langen Gram betäubt!
Nein, Zeit und Jahre fliehn und bringen sie nicht wieder,
Die Sonne steigt empor, geht sie vorher schon nieder,
Der Sommer weicht dem Herbst und eilet wieder her:
Nur für mich ist kein Trost, noch Mariane mehr.

O recht in seinem Zorn hat das gerechte Wesen
Mir dieses ferne Land zur Wohnung auserlesen!
Hier lag mir Angst und Qual gezählet und bereit
Und Marianens Gruft gegründt vor Ewigkeit!
Wer bleibt mir? dieser Leib, der sich der Jugend schämet,
Entkräftet vor der Zeit, im Marke wund gegrämet,
Der von dem Gram erliegt und krank den Gram vermehrt,
Des Geistes Krankheit fühlt und wieder sie ernährt;
Mein Sinn, zur Freude taub, vom Unglück dumm getroffen,
Der nichts mehr wünschen mag, nichts würdiget zu hoffen,
Das jetzige verschmäht, zurück mit Thränen denkt
Und in das künftige mit schaudern sich versenkt;
Die Bücher, wo mein Geist von Kunst zu Künsten irrte,
Die Wälder, wo ich gern den öden Pfad verwirrte
Und oft ein lockend Kraut vergnügt in Unschuld brach
Und sann dann meinem Glück und Marianen nach;
Mein angebornes Land, wohin ich manche Blicke
Der Sonnen-Straße zu, nicht ohne Wünsche, schicke,
Wogegen hier mein Sinn, vielleicht wohl ungerecht,
Die Schöpfung traurig findt und Titans Licht geschwächt;
Die Freunde, wo mein Herz gewissen Trost gefunden,
Die Hoffnung mancher Müh und Zuflucht öder Stunden,
Dieß alles ist dahin; selbst meine Wissenschaft,
Wohin mein Geist erhitzt, mit angestreckter Kraft,
Sich forttrieb über Macht, wie Renner in den Spielen
Vor Ungeduld dem Pferd auf Hals und Mähne fielen,[2]
Wird itzt mir Pflicht und Last; mein Tand, die Poesie,
Sucht eine Stunde Ruh und bei mir ist sie nie;
So wenig als im Sturm, wann Mast und Segel brechen,
Ein Redner Worte wiegt und Zeit nimmt, schön zu sprechen.

Einst, da ich eine Nacht, wie Ernte-Tage lang,
Mit Gram und Ungeduld im leeren Bette rang,
Wann öde Schatten uns das Unglück schwärzer machen
Und, Unholdinnen gleich, die Sorgen mit uns wachen,

2   Nonne vides, cum præcipiti certamine campum
    Corripuere, ruuntque effusi carcere cursus,
    Cum spes arrectæ iuvenum, exsultantia haurit
    Corda pavor pulsans: illi instant verbere torto,
    Et *proni dant lora*: volant vi fervidus axis.

                                        Georgic. III.

                        und

    Nec si immissis aurigæ undantia lora
    Concussere iugis, *pronique in verbera pendent*.

                                        Aeneid. V.

Schalt die Vernunft mein Herz, das allen Trost verwarf,
Und sprach mit einem Ton, den ich nicht tadeln darf:

Kurzsichtiger! dein Gram hat dein Gesicht vergället,
Du siehst die Dinge schwarz, gebrochen und verstellet.
Mach deinen Raupenstand und einen Tropfen Zeit,
Den nicht zu deinem Zweck, die nicht zur Ewigkeit.
Sieh Welten über dir, gezählt mit Millionen,
Wo Geister fremder Art in andern Körpern wohnen,
Der Raum und was er fasst, was heut und gestern hat,
Mensch, Engel, Körper, Geist, ist alles eine Stadt,
Du bist ein Bürger auch, sieh selber, wie geringe!
Und gleichwol machst du dich zum Mittelpunkt der Dinge!
Da deine Welt doch kaum ein Haus der kleinsten ist
Und du mit Bodmern noch in einem Zimmer bist!
Willst du, daß Gott dann selbst die ewigen Gesetze,
Die er den Welten schrieb, aus Gunst für dich verletze?
Soll, wann ein Dichter weint, der zarte Leib ein Stein,
Ein Fieber ohne Wuth, Gift ohne Würkung sein?
Wie kurz ist doch der Schmerz der allertiefsten Wunde!
Weint ein Unsterblicher beim Leid von einer Stunde?
So machte, dächt er sonst und mäße seine Zeit,
Ein Haft die Dämmerung zu seiner Ewigkeit.[3]
Der heute starb und der, den Gott aus Erde drehte,
Sind Rosen eines Stamms, verwelket früh und späte;
Das Leben einer Welt, verlebt in Ungemach,
Ist nur ein schwüler Tag, wo dich die Sonne stach;
Und eine kühle Nacht bringt eilends einen Morgen,
Wo nichts mehr übrig ist von Weltlust oder Sorgen.
Selbst Mariane denkt an dich und an ihr Band,
So wie ein Reisender zurück vom sichern Strand
Nach einem Freunde sieht, mit dem, in gleichen Fällen,
Er Wind und See geprüft und die Gewalt der Wellen.
Sieh, Gram und Ungeduld ist nicht der Weg zu ihr!
Der sie aus Güte gab, der nimmt mit Recht sie dir;
Sie sollte nicht dein Gott, du nicht ihr Himmel werden,
Und ihrer Schöpfung Zweck war nicht erreicht auf Erden.
Du schwinge selbst vielmehr des Geistes Kräfte los,

---

3   Dieses ist der uralte Name, den man am Nieder-Rhein der Ephemera
    giebt, die Swammerdam und Réaumur beschrieben haben und davon
    Milionen in ganzen Wolken auf der Aare, am Rhein und an der Maaß
    sich in den heißesten Sommer-Abenden zeigen, die das Ziel ihres Lebens
    ausmachen, in soweit sie fliegende Thiere sind.

Nicht ewig für die Zeit, nicht für die Erde groß[4]
Und höhrer Sorgen werth. Was dich zur Erde bindet,
Der Glieder träge Macht, das ganze Thier, verschwindet.
Sieh jenem Himmel zu, wo dem entbundnen Geist
Die aufgedeckte Welt im wahren Tag sich weist,
Wo unsichtbares Licht durch stärkre Augen strahlet,
Die Wahrheit sich in uns durch bessre Sinnen malet
Und Gott – doch nein; er straft, wer ihm sich nicht ergiebt,
Wer eigne Neigung mehr als Gottes Willen liebt;
Er ist gerecht und stark für die, die sich empören –
Dieß sagte die Vernunft! o Freund, soll ich sie hören?

24.

Ueber den Tod seiner zweiten Gemahlin, Elisabeth Bucher[1]

Febr. 1741.

Zu lang ists schon, Elise, daß ich schweige
Und bringe dir nur stumme Thränen dar!
O! hör ein Lied, nicht, daß ichs andern zeige,
Nein, still und treu, wie unsre Liebe war!
Was schilt die Welt zuletzt auch, wann ich weine?
Wer starb mir dann? wes ist Elisens Grab?
O nennet mir ein Elend wie das meine,
Und sprecht mir dann das Recht der Thränen ab!

In eckler Ruh und unvergnügter Stille
Schleicht sich der Tag in stäter Dämmrung hin,
Mir fehlt zum Trost die Hoffnung und der Wille,
Mein Herz hasst mich, so bald ich fühllos bin.
Dem allem feind, womit sich Menschen trösten,
Der Wüste hold, worein es sich verschließt,
Und nie vergnügt, als wenn sein Leid am grösten,
In Thränen frei und unbehorcht zerfließt.

Du siehst vielleicht, Elise! dieß mein sehnen,
Mein Gram verrieth zuerst dir die Gefahr;
Du sahst mein Leid und zwangest deine Thränen,

---

4   Ich habe gesehn, daß man diese Größe mir als eine Prahlerei aufgerückt
    hat. Sie ist aber offenbar so wenig als die Ewigkeit dem Dichter persönlich
    eigen und geht bloß auf den wirklichen Vorzug einer unsterblichen Seele.

1   Tochter des Herrn J. Rudolph Buchers, Rathsherrn und Venners der Re-
    publik Bern.

Weil dir mein Schmerz mehr als der deine war.
Noch weil du warst, weil ich dich konnte küssen,
Zerschmolz ich schon, aus Furcht der nahen Pein;
Jetzt, da ich dich auf ewig lassen müssen,
Was soll mein Schmerz, wann er verzweifelt, sein?

Du kennst es wohl, mein Herz, so wie es liebet,
Vergnügt mit dir und andrer Freude gram,
Das nie sich theilt und, wann es sich ergiebet,
Nie in den Bund ein fremdes Herz mitnahm.
Du weist, wie fest ich mich an dich verbunden,
Wie ohne dich mir alles gleich gefehlt,
Und du allein versüßtest selbst die Stunden,
Die dich um mich und mich um dich gequält.

Du warst mein Rath, und niemand als wir beide
Erfuhr, was Gott mir glückliches bescheert;
Ich freute mich bei deiner treuen Freude,
Sie war mir mehr als Glück und Ehre werth.
Hatt ein Verdruß dann auch mein Herz geschlagen,
Warst du mit Trost und sanfter Wehmuth nah;
Ich fand die Ruh bei deinen holden Klagen
Und schalt mein Leid, wann ich dich trauren sah.

Mein stilles Glück, die Lust von wenig Stunden,
Ist wie das Glück von einer Sommer-Nacht,
Ist ohne Spur, ist wie ein Traum verschwunden,
Der Bettler oft zu kurzen Herrschern macht.
Verlassnes Haus und vormals werthe Zimmer,
Wodurch ich jetzt, gejagt durch Unruh, flieh,
Zeigt mir ihr Bild und widerholt mir immer,
Hier gieng sie oft, hier saß, hier ruhte sie!

Hier küsstest du, ach! schon zum letztenmale
Dein ähnlich Kind, den bittern Schmerzens-Sohn,
Dem ich so theur das kurze Leben zahle;[2]
Hier sprachst du leis und mit gebrochnem Ton:
»Ich sterbe, ach! was soll mein Haller werden?«
Hier schwiegest du von gäher Noth erstickt,
Und deiner Huld blieb nichts als die Geberden
Und noch ein Blick, den du mir nachgeschickt.

2   Indem derselbe nur sechs Monat gelebt.

Unschätzbar Herz, von Treu und gleicher Güte,
O fragt ihr Bern, fragt dieß entfernte Land!
Ihr erster Blick gewann ihr ein Gemüthe,
Der viel versprach, doch minder, als man fand.
Kein schlauer Neid, dem fremde Mängel schmeicheln,
Kein Funke Brunst von tadelhafter Lust,
Kein falscher Stolz, um Lob bereit, zu heucheln,
Kein Keim von Geiz wuchs in der reinen Brust.

Die kalte Lust unausgelesner Triebe,
Wo nur der Leib und nicht die Seele fühlt,
Entzündet leicht den Brand gemeiner Liebe,
Den nach dem Tod ein kurzes seufzen kühlt.
Ich liebte dich, allein aus allen Wesen,
Nicht Stand, noch Lust, noch Gold, dich suchte ich:
Ich hätte dich aus einer Welt erlesen,
Aus einer Welt erwählt ich jetzt noch dich!

Doch du bist hin, wo ich zu wenig werde,
Wo niedriger als Gott man nichts mehr liebt
Und kaum vielleicht dein Geist zur tiefen Erde
Noch einen Blick mitleidig nach mir giebt;
Wo Seligkeit das kurze Glück verschlungen,
Ein kindisch Glück nur Sterblichen erlaubt,
Und übern Kreis der Wünsche hoch geschwungen
Der reife Geist nun nicht mehr hofft, noch glaubt.

O Heiliger! du leihst uns schwachen Kindern
Kein irdisch Gut zu einem Eigenthum,
Und, will die Lust dein höher Recht vermindern,
So reissest du aus Huld den Abgott um.
Das theuerste, so du auf Erden giebest,
Ist solch ein Weib, als die man mir begräbt;
Nun pflanz in mir die Liebe, die du liebest,
Die Grab und Erd und Himmel überlebt!

25.

Einige Fabeln

1.

Der Fuchs und die Trauben. Bei Gelegenheit einer Rede des nachwärtigen Herrn Professor in Franeker D.J. Jakob Ritters

Ein Fuchs, der auf die Beute gieng,
Traf einen Weinstock an, der, voll von falben Trauben,
Um einen hohen Ulmbaum hieng;
Sie schienen gut genug; die Kunst war, abzuklauben.
Er schlich sich hin und her, den Zugang auszuspähn;
Umsonst, es war zu hoch, kein Sprung war abzusehn.
Der Schalk dacht in sich selbst: ich muß mich nicht beschämen;
Er sprach und macht dabei ein hämisches Gesicht:
»Was soll ich mir viel Mühe nehmen,
Sie sind ja saur und taugen nicht!«

So gehts der Wissenschaft. Verachtung geht für Müh.
Wer sie nicht hat, der tadelt sie.

2.

Der beste König[1]

Die Thiere wollten einen König wählen. Es warfen sich viele zur Wahl auf, worunter auch der Löwe und der Hirsch war. An diesem pries man das unschädliche Gemüthe und die prächtige Gestalt. Am Löwen war die Tapferkeit und die ungemeine Stärke der Vorzug. Ein schlauer Affe rieth auf den Elephanten. Er ist stark, sagt er, wie der Löwe und dennoch so gütig als der Hirsch.

Ein Fürst ist allzu schwach, der nicht zu zürnen weiß,
Sein unbeschütztes Volk steht fremder Herrschsucht preis;
Ein Landbezwinger ist ein allgemeiner Würger,
Der Nachbarn Straf und Furcht, doch weit mehr seiner Bürger.
Der ist vollkommen groß, der, recht an Gottes Statt,
Zum Frieden Huld und Recht und Muth zum siegen hat.

---

1   Diese und die folgenden Fabeln sind nach Augsburg zu einigen Kupfern
    zu stechen geschickt worden und ist also bei der Erfindung darauf gesehen
    worden, daß man eine Anzahl Thiere auf das Gemälde anbringen könnte.

3.

Der Fuchs und die andern Thiere

Ein König sagte in Indien eine allgemeine Jagd an. Man machte Anstalt, einen ganzen Wald mit Tüchern und Federn zu umgeben, und viele tausend Menschen fiengen an, sich in einen Kreis zu stellen. Noch war der Ring dünne und große Lücken zwischen den Jägern, aber dem Fuchse gefielen die Anstalten nicht. Rettet euch, sagte er zu den andern Thieren, weil noch eine Lücke frei ist, bald dürfte es zu späte sein. Der starke Löwe, der schnelle Hirsch, der schlaue Affe lachten über die Furchtsamkeit des Fuchses und verließen sich auf ihre Kräfte, ihre Geschwindigkeit und ihre List. Wie der Kreis nun geschlossen war, die Menschen immer näher anrückten und endlich mit Wurfpfeilen die eingesperrten Thiere häufig erlegten, sagte der Fuchs: Ich bin weder schnell noch tapfer, aber hier bin ich sicher; und kroch in ein Loch, das er indessen gescharret hatte. Die andern Thiere wurden alle getödtet oder gefangen.

Die sichre Kühnheit höhnt abwesende Gefahr,
Scherzt, wo sie fürchten soll, vertrotzt die theure Stunde,
Da Rettung möglich war;
Und wann der reife Sturm ihr überm Haupt nun schwebt
Und die empörte See die starken Wellen hebt,
So geht ihr blinder Stolz auch unbedaurt zu Grunde.
Die Klugheit sieht den Sturm in fernen Wolken drohen,
Flieht sichern Häfen zu, enteilet dem Orcan
Und sieht denn auch getrost, wie dort der Ocean
Unwiderstehbar tobt, wovon sie früh entflohen.

4.

Der Hahn, die Tauben und der Geier

Einige Tauben suchten sich an etwas Korn zu sättigen. Ein Haushahn kam dazu, brauchte Gewalt und vertrieb die Tauben. Im ersten Verdruß über das erlittene Unrecht sahen sie einen Geier, der eben über dem Hofe schwebte, und riefen ihn an, sie zu rächen. Der Geier kam, zerriß den Hahn und bald darauf die Tauben, die sich über den Tod ihres Feindes freuten.

Ihr Staaten, die so leicht ein schlechter Nutz entzweit,
Die ihr als einzeln schwach, und stark, wann einig, seid,
O lernt bei diesem Bild die kleine Rache meiden
Und lieber den Verlust als Unterdrückung leiden.

Die Fabel malt euch vor, was allemal geschah;
Bleibt einig oder bebt; der Geier ist schon da!

26.

Cantate, die in der allerhöchsten Gegenwart Sr. königl. Majestät Georg des Andern, Königs in Groß-Britannien, Frankreich und Irland, Beschützer des Glaubens, Herzogs zu Braunschweig und Lüneburg, des H.R. Reichs Erzschatzmeister und Churfürsten, in der Göttingischen Universitäts-Kirche mit Musik aufgeführret worden

den 1. Aug. 1748.[1]

1 Zu dem Triumphbogen, den die hohe Schule dem Könige aufrichten ließ, hat der Verfasser die Aufschriften und Sinnbilder erfunden. Er ist von Herrn Kanzler von Mosheim mit diesen Worten beschrieben: Die eine Seite der Ehrenpforte prangte unter dem Bilde des Gerüchts oder der Fama, mit dieser stark vergüldeten Aufschrift:

GEORGIO. SECVNDO.
PIO. IVSTO. FELICI. MAGNANIMO. DEFENS. FIDEI.
OB. RES. MAXIMAS. TERRA. MARIQVE. GESTAS.
RESTITVTAM. GERMANIÆ LIBERTATEM.
ADSERTA. IVRA. FŒDERVM.
PACEM. REPARATAM.
FVNDATORI. SVO. PATRIQVE.
ACADEMIA. GEORGIA. AVGVSTA. P.

Die Sinnbilder dieser Seite zielten alle auf die Heldenthaten und Siege des Königs. In der Muschel zur Rechten sah man ein von allerhand Waffen und Kriegswerkzeugen aufgethürmtes Siegesmal mit der Ueberschrift:

GERMANIA. LIBERATA.

Unter der Linie stund:

AD. DETTINGAM.

In der Füllung ließ sich der Kriegsgott sehen, dessen Schwert mit Lorbeerzweigen umflochten war. In dem kleinen Vierecke zwischen den Fußgestellen der Säulen war die Niederlage der Riesen, die sich wider den Jupiter empörten, abgebildet, mit den Beiworten:

VICTORIA. CALEDONICA.

Unten lase man:

DE. PERDVELLIBVS. AD. CVLLODEN.

Die Muschel zur linken Hand zierte eine Schffsäule oder *Columna rostralis,* worüber diese Worte standen:

IMPERIVM. MARIS. ADSERTVM.

Die Unterschrift erläuterte dieselbe:

AD. PROMONTORIVM. ARTABRVM. AD. TRILEVCVM.

Dieses sind die alten Namen der Vorgebürge Ortugall und Finistere, bei denen die französische Flotte in dem Jahr 1747 geschlagen ward. In der Füllung wiese sich der Gott des Meeres, Neptunus, der mit seinem Dreizacke ein Schiff versenkete. Unter diesem Gotte, zwischen den Fußgestellen der Säulen, erblickte man Indien in der Gestalt einer Frauensperson, die

Besingt, ihr Musen, unsre Triebe,
Bringt unsre Freude vor den Thron!
Mischt mit der Stimme wahrer Liebe
Der tiefsten Rührung dankbarn Ton!
George kömmt, der Held, der Sieger!
Er lenkt den Muth erhitzter Krieger
Und schenkt der müden Welt die Ruh.
Wir aber fühlen Englands Glücke,

dem großbritanischen Admiral, hinter welchem die englische Unions-Flage wehete, Palmen überreichte. Oben las man:

VICTORIA. INDICA.

Unten:

HOSTIVM. MVNIMENTA. EVERSA. CLASSES.
CAPTÆ. ET. DEMERSÆ.

Die andere Seite des Triumphbogens war mit Bildern und Zierraten geschmücket, welche die vornehmsten Thaten des Königes in den Zeiten des Friedens rühmeten. Oben in dem großen Raume, der von den Bauverständigen die Attica genennet wird, kniete das Churfürstenthum Hannover, das sich auf sein Wappenschild stützete, vor dem auf dem Throne sitzenden Könige; die Ueberschrift hieß:

ADVENTV. OPTIMI. PRINCIPIS. FELIX. PATRIA.

Unten stand:

HIC. AMAS. DICI. PATER. ATQVE. PRINCEPS.

Zur Rechten sah man in der Muschel den geschlossenen Tempel des Janus mit den Worten:

VBIQVE. PAX.

In der Füllung zeigete sich das Bild der Gerechtigkeit, die ihr Schwert mit Oelzweigen bekränzet hatte. Unter derselben in dem Vierecke zwischen den Fußgestellen der Säulen hielte der Gott des Krieges, Mars, eine Waagschale, in deren Schalen die Wappen der beiden Häuser Oesterreich und Bourbon lagen. Die Schale mit dem österreichischen Wappen schien sich zu heben; Großbritanien drückte sie aber mit dem Dreizacke, den es in der Hand hielte, herunter. Die Ueberschrift hieß:

ÆQVILIBRIVM. EVROPÆ. RESTITVTVM.

Die Muschel der linken Hand fülleten die Schutzgeister verschiedener Wissenschaften, die in der Arbeit begriffen waren. Den Zweck ihrer Arbeiten erklärten die obenstehende Worte:

IN. PVBLICA. COMMODA.

Die Unterschrift bestimmte ihn deutlicher:

ACADEMIA. GEORGIA. AVGVSTA. CONDITA.

In der Füllung stand das Bild der Mildthätigkeit oder der Munificenz, so wie sie auf den römischen Münzen abgebildet wird. Den Platz zwischen den Füßen der Säulen zierte eine Sonne, welche die ganze Erdkugel bestrahlte. Oben stand:

VTRVMQVE. BENIGNVS. IN. ORBEAM.

Und unten:

COLONIA. IN GEORGIAM. DEDVCTA.

Er kehrt die Segen-reiche Blicke
Auch uns, auch unser Vater, zu.

Nach lang getragnem Stolz rächt er der Britten Ehre,
Sein Zorn dringt wie der Blitz durch beide Welten hin;
Den letzten West, der Morgenröthe Wiege,
Erfüllt der Schrecken seiner Siege;
Der Feind erkennt bestürzt den wahren Herrn der Meere,
In allen Seen bleibt kein Raum für ihn.
Hier bricht *Georg* die schnöden Ketten,
Die Deutschlands edlen Hals ohn ihn umschlungen hätten,
Er zahlt der Freiheit Preis mit seinem Blut;
Dort stürzt sein Arm des blinden Eifers Brut,
Die, plötzlich groß durch Raub und morden,
Aus nichts zum Riesen worden;
Sie liegt, mit einem Schlag erdrückt,
Und Gnade schont, was sich in Demuth bückt.

Wann aus zerschmetternden Gewittern
Der Strahl ein schuldig Land bestraft,
Wann die entsetzten Berge zittern,
Erkennt die Welt der Gottheit Kraft;
Wann aber die versöhnte Sonne
Aus fliehnden Wolken gütig blickt,
Erschallt mit einer dankbarn Wonne
Das Lob der Huld, die uns erquickt.

Der falschen Größe gram, die auf der Bürger Grab
Des Herrschers theure Säulen thürmet,
Und keinem Ruhme hold, den siegend Unrecht gab,
Zog er den Degen spät, der Recht und Freiheit schirmet;
Es ist vollbracht, er legt ihn siegreich ab.
Von Gott weit über eignen Wunsch erhoben,
Bleibt ihm der eine Wunsch, das allgemeine Glück;
Und allem eiteln feind, lässt er das Herz ihn loben
Und hält den lauten Preis des treuen Volks zurück.
Ja, rührender als selbst der Musen Saiten
Tönt der verborgne Dank, der aus dem Herzen quillt,
Ihn preist am würdigsten der Glückstand seiner Zeiten,
An Huld und Macht der Gottheit Bild.
Gerechtigkeit und Fried umgränzet sein Gebiete,
Glückselig Volk, dem Gott zum Herrscher ihn verlieh!
Es fühlt den weisen Schutz und die bemühte Güte
Und fühlt die Last des Zepters nie.

Herr! unser Leben hängt am deinen,
Für uns ists, wenn wir für dich flehn!
O laß noch lang dein Beispiel scheinen,
Nach dem gerechte Herrscher sehn.
Du dämpfst allein der Zwietracht Feuer,
Du hebst, wen stärker Unrecht fällt;
O halt noch lang Europens Steuer,
Dein Wohlstand ist das Wohl der Welt!

27.

Serenate, die gleichfalls bei dem höchst-erwünschten Dasein Georg des Andern, von einer Anzahl Göttingischer Studenten als ein unterthänigstes Zeichen der tiefsten Ehrfurcht aufgeführet wurde

Den 1. Aug. 1748.

Lasst freudige Trompeten schallen,
Jauchzt, Völker, jauchzt, *Georg* ist hier!
Er lässt sich unser Fest gefallen
Und liebt der Musen stille Zier.
Nimm, Herr! von uns, Augustens Söhnen,
Das Opfer der gerührten Brust,
Und Luft und Erde soll ertönen
Von deinem Ruhm und unsrer Lust.
Von deiner Themse Flut, auf deren breitem Rücken,
Als einem Meer,
Mit unbemühter Eil und stiller Majestät
Ein Meer von Masten prächtig geht;
Vom kalten Ladoga, wo vor Elisabet
Sich hundert unbekannte Völker bücken;
Vom Bernstein-Ufer her,
Wo froh, manch fernes Land zu speisen,
Die Weichsel nach dem Haff mit tausend Lasten eilt;
Vom alten Rhein, der sich bei Hollands Pracht verweilt,
Durch dich befreit vom Schrecken naher Eisen;
Von steiler Alpen Fuß, wo aus der milden Schooß
Die Freiheit Schmuck und Glück auf arme Felsen goß;
Von Seelands helden-reichem Strande,
Den deiner Tochter Zier mit neuem Glanz belebt;[1]
Vom letzten Nord, der aus dem harten Lande
Für Korn und Wein nur drohend Eisen gräbt;
Vom reichen Dacien, das reines Gold

1   Die damals neu vermählte Königin Louisa.

Und Blut, das theurer ist, Theresen zollt;
Und von der Donau Flut, die, stolz mit ihrem Wien,
Sich schwellt, der Flüsse Königin;
Vom fernen Ost, vom milden Süden,
Aus manchem Volk, an Sprach und Glauben unterschieden,[2]
Hat uns der Trieb nach ächter Wissenschaft
Und wahres Ruhms sieghafte Kraft
Nach deiner Leine hingezogen;
Und keines Vaterland ist so entfernet,
Das nicht *Georgens* Lob gelernet,
Wo nicht, wer Freiheit schätzt, wer Recht und Tugend übt,
Dich, Herr! als Held verehrt, als Vater liebt.
Ein Fürst, dem Glück und Waffen schmeicheln,
Groß durch gepresster Völker Last,
Findt Sklaven, die ihm zitternd heucheln,
Weil die geplagte Welt ihn hasst;
Dich, Herr! der groß durch Recht und Güte,
Groß durch dein angeerbt Gebiete,
Durch seinen Wohlstand größer bist,
Dich grüßt dein Volk mit Freuden-Thränen,
Und ferne Völker sehn mit sehnen
Den Herrscher, der ein Vater ist.

Sieh auf, glückselige *Georg-Auguste!*
Mit ächter Lust entzückt, mit wahrem Vorzug prächtig,
Dich schützt *Georg*, zum Schutze mächtig
Und zum beglücken mild.
Er breitet über dich der Vorsicht festen Schild;
Er, der Verdienst in Unterthanen ehret,
Der jeder Tugend Lohn aus reifer Kenntniß giebt,
Der Weisheit kennt und liebt,
Die Wahrheit sucht und höret.
Dein Ruhm steht unbesorgt auf ewig sicherm Grunde;
Georgens Gnad und Macht hebt ihn empor!
Er lockt durch reiche Huld, durch seines Zepters Liebe
Die Zierde manches Lands, die niemand gern verlor,
Die gegen schwächern Reiz wol unbeweglich bliebe,
Und zwingt die Wahl der Weisen in dein Chor.
Ja, sie ist nah, die längst bestimmte Stunde!
Du wirst des Neides Aufruhr zwingen;
Du wirst nunmehr Germaniens Athen,
Der Weisheit Priesterin, die Richtschnur ächter Schöne!

2   Von allen diesen Ländern waren in Göttingen gelehrte Mitbürger anwe-
      send.

Die Wahrheit wird verklärt in deinem Tempel stehn
Und hundert Völker ihre Söhne
Zum Opfer ihrer Ehrfurcht bringen!
Beseele die Freude der Jugend!
Augusta! beleb unsern Ruf!
Erheb die gesegnete Tugend,
Die deine Glückseligkeit schuf!
Befiehl deinen Held den Geschichten!
Befiehl in lebhaftern Gedichten,
Daß sein Nachruhm die Enkel noch rührt!
Sing zu der Homerschen Trompete,
Sing zu der Pindarischen Flöte:
Wol dem Land, wo *George* regiert!

28.

Ueberschriften

1.

Als Se. königl. Hoheit Prinz von Wallis durch seine Prinzen und
Prinzessinnen des Addisons Cato vorstellen ließ.

1748.

Als unbesiegt an Muth der letzte Römer starb,
War Rom von Ruhm noch stolz, den ihm sein Blut erwarb;
O seliger als Rom, du freies Albion!
Wie damals Cato sprach, so denkt itzt Cäsars Sohn.

2.

Auf den Kupferstich seines Freundes.

1748.

Auf diesem Blatt steht *Claproths* Bild geweihet,
Des Menschen-Freunds, den wir so sehr geliebt!
Kein anders Leben hat mehr Freund erfreuet,
Kein andrer Tod hat mehr betrübt.

3.

Auf einen Kupferstich, in welchem Hr. Herrliberger die verschiedenen
Religionen vorstellt.

Auf selbst erwählter Bahn sucht, kundig seiner Schuld,
Der unbekehrte Mensch des großen Schöpfers Huld.
Umsonst wird er zu dir befleckte Hände heben,
Herr! dein ist ja die Welt, was bleibt ihm, dir zu geben?
Zu schlecht ist was vergeht, du willst das Herz allein,
Und ewig, wie du selbst, muß auch dein Opfer sein!

4.

Auf den Schweizerischen Ehrentempel von Staatsmännern, Kriegsleuten und Gelehrten.

[1759.]

Der Ruhm, der Weise krönt, der um die Helden strahlt
Und den bemühten Dienst erhabner Bürger zahlt,
Ist für sie selbst ein Rauch, den sie nicht ungern missen;
Der ersten Tugend Lohn hat Gott und ihr Gewissen.
Dann ist der Ruhm kein Dunst, wann er den jungen Geist,
Der regen Flamme gleich, mit sich zur Höhe reißt,
Nach edler Ahnen Bild die Nachwelt reizt zu streben,
Und Alexandern zwingt, im Cäsar aufzuleben.

5.

Aufschrift auf das vortreffliche Grabmal, das Herr Nahl einer sehr wohlgebildeten und in den Wochen gestorbenen Frau zu Hindelbank aufgerichtet hat.[1]

Horch! die Trompete schallt, ihr Klang dringt durch das Grab;
Wach auf, mein Schmerzens-Sohn, wirf deine Hülsen ab,
Dein Heiland ruft dir zu; vor ihm flieht Tod und Zeit,
Und in ein ewig Heil verschwindet alles Leid.

6.

Aufschrift auf das bekannte Grabmal der Burgundischen vor Murten erlegten Völker.[2]

1 Die überaus sinnreiche Erfindung besteht in einem geborstenen Grabstein, in welchem das Bild der Verstorbenen strebet aufzustehen und ihr Kind in den Armen empor hebt. Die vie Verse sind auf den Stein eingegraben.
2 Ist A. 1755 an dem Gebäude in einen Stein gegraben worden, das die Knochen der Burgunder bedeckt.

Steh still, Helvetier, hier liegt das kühne Heer,
Vor welchem Lüttich fiel und Frankreichs Thron erbebte;
Nicht unsrer Ahnen Zahl, nicht künstlichers Gewehr,
Die Eintracht schlug den Feind, die ihren Arm belebte.
Kennt, Brüder, eure Macht, sie liegt in unsrer Treu!
O würde sie noch heut in jedem Leser neu!

7.

Zu den Gmelinischen Reisen.

1752.

Wo Russlands breites Reich sich mit der Erde schließet
Und in dem letzten West des Morgens March zerfließet,
Wohin kein Vorwitz drang, wo Thiere fremder Art
Noch ungenannten Völkern dienten,
Wo unbekanntes Erzt sich für die Nachwelt spart
Und nie gepflückte Kräuter grünten,
Lag eine neue Welt, von der Natur versteckt,
Bis *Gmelin* sie entdeckt.

8.

Auf den Grabstein weiland des wohlgebornen Herrn Emanuel Grubers,
gewesnen Obristlieutenant in königl. franz. Diensten; nachwärts
Hofmeister zu Königsfelden und des Großen Raths der Republik Bern.

1774.

O selig, wer sein Glück, gelassen, Gott vertraut,
Wer eitler Wünsche los, auf Gottes Fügung baut;
Nach dessen mildem Blick sich die Erquickten sehnen,
Und den das Elend grüßt mit dankbarn Freudenthränen;
Der Mann, wie *Gruber* war, ist auch der wahre Held,
Sein Muth steht unbewegt im blutbespritzten Feld,
Der Tod hat keine Macht, den Christen zu entfärben,
Sein Richter ist versöhnt, und er gewinnt im sterben.

29.

Ueber den Tod der Frau Trillerin

[1752.]

Der Schmerz, o *Triller!* ist der gröste,
Der treue Herzen trennt;
Erwarte nicht, daß der dich tröste,
Der diese Wunden kennt!
Der Tugend wohlverdiente Liebe
Weint billig um ihr Grab;
Die Thränen folgen aus dem Triebe,
Den Gott auch Weisen gab.
Doch Christen kann nichts völlig scheiden,
Kein Grab deckt Geister zu.
Die Zeit verträgt kein ewigs leiden,
Die Ewigkeit nur Ruh.

30.

Beim Tode der Wohlgebornen Frauen Johanna Maria Ayrerin, geborner Dornfeldin

1754.

Wann der geprüfte Geist, durch manches Leid gepresst,
Den Schmerzens-müden Leib ietzt Hoffnungs-voll verlässt,
Entladen, schwingt er nun das schimmernde Gefieder
Zum Vaterland des Lichts und senkt in Gott sich wieder
In Ketten von Demant liegt, bittrer als der Tod,
Die Sünde unter ihm und die besiegte Noth.
Ihn überstrahlt der Glanz der unerschaffnen Sonne
Mit wechselfreier Lust und schattenloser Wonne.
Entzückt, wirft er noch einst den neuverklärten Blick
Erbarmend auf die Welt und seinen Freund zurück
Und schilt die Thränen nicht; sie sind der Zoll des Lebens
Für die Verstorbnen nur und nicht für uns vergebens.
Uns drückt des Leibes Joch, uns quält die Sündlichkeit,
Undankbar hassen wir den Tod, der uns befreit.

31.

Beim Absterben der weiland Wohlgebornen Frauen Katharinen Wilhelminen Eleonoren Darjesin, geborner Teichmeierin, im Namen seiner Gemahlin

1756.

So wie aus heller Luft der Blitz zerschmetternd fährt
Und eine sichre Burg in Schutt und Asche kehrt,

So kam aus falscher Ruh, wo keine Sorge drohte,
Gewiß und hoffnungslos des Todes bittrer Bote.
Ach, so verlier ich dich, Vertraute meiner Brust!
Du Schwester meiner Wahl, du meine letzte Lust!
Die Häupter unsers Stamms sind längst im Staub gebogen,
Das Vaterland hat mir des Himmels Ruf entzogen;
Noch wars mir süß in dir, und unsrer Jugend Glück
Rief jeder holde Zug von deiner Hand zurück.
Nun ist die Welt mir fremd, nun liegt im strengen Grabe
Der bessre Theil von mir, mehr als ich übrig habe.
Ach! hätten auf den Tod und auf die lange Nacht
Die wahre Treu ein Recht und trauren eine Macht:
Nie wäre williger das Opfer ächter Thränen
Dem Grabe nachgefolgt, noch ein gerechters sehnen.
Doch du sehnst nicht nach uns, dein froher Aufenthalt
Hält den entzückten Geist mit reizender Gewalt:
Viel eher wünschten sich Befreite zu der Kette
Und das entbundne Weib zurück zum Schmerzenbette.
Ja, dahin gieng dein Wunsch; auch in der schönen Zeit,
Dem sonst vergönnten Tag erlaubter Eitelkeit,
Lief schon dein reifer Geist, wie ahndend, nach dem Ziele
Und stieß, mit edlem Hohn, der Jugend Kinderspiele
Und der erfahrnen Welt geehrte Schmeichlerin,
Die Qual, die Glück sonst heißt, erhaben von sich hin.
Du liebtest deinen Gott in Freunden und in Armen;
Du flohest von der Rach und eiltest zum erbarmen;
Dein Trost war andrer Ruh; dein eigen Leid verschwand,
Wann fremdes Unglück nur bei dir sein Ende fand.
Auch mich, ach! liebtest du, wer wird so treu mich lieben?
Nun strahlt um dich das Heil, mir ist das Leid geblieben,
Ein Leid, das mich vergnügt, von reiner Wehmuth voll,
Und das dein Anblick erst in mir vertilgen soll!

Biographie

1708	*16. Oktober:* Albrecht von Haller wird in Bern geboren. Haller entstammt einer alten Berner Familie; sein Vater ist Verwaltungsbeamter. Wegen seiner kränklicher Konstitution wird der junge Haller von Hauslehrern unterrichtet.
1721–1722	Der Vater stirbt, der Vormund schickt Haller auf das Gymnasium in Bern.
1723	Haller geht nach Tübingen, um sich in Naturwissenschaften und Medizin ausbilden zu lassen.
1727	Haller promoviert in Leiden zum Dr. medicus. Anschließend reist er nach England und Frankreich, um sich an den dortigen berühmten Spitälern und Lehranstalten weiter auszubilden.
1728	*Sommer:* Haller ergreift das Studium der Mathematik in Basel bei J. Bernoulli und unternimmt eine erste botanische Studienreise in die Alpen.
1729	Seine Eindrücke verarbeitet er zu dem großen Gedicht »Die Alpen«, aber auch der Grundstock zu seiner umfassenden Aufnahme der schweizerischen Alpenflora wird dabei gelegt. In Basel zerschlägt sich die Hoffnung auf eine feste Anstellung, so daß er in seine Vaterstadt zurückkehrt und sich als praktischer Arzt etabliert; in seinen Nebenstunden geht er weiterhin wissenschaftlichen Studien und der Poesie nach.
1734	Haller wird zum Mitglied der Akademie von Uppsala ernannt.
1736–1753	Haller wird Ehrenvoller Professor für Medizin, Anatomie, Chirurgie und Botanik an der neugegründeten Universität Göttingen. Innerhalb weniger Wochen stirbt seine Frau. Er wird Gründer und lebenslänglicher Präsident der »Sozietät der Wissenschaften« in Göttingen.
1739	Eine zweite Ehe mit Elisabeth Bücher wird wieder durch den frühen Tod der Frau beendet.
1741	Haller heiratet Sophie Amalia Christina Teichmeyer.
1749	Haller wird von Kaiser Franz I. in den Adelsstand erhoben. Er lehnt ehrenvolle Berufungen nach Utrecht und Oxford ab.
1753	Aus Gesundheitsgründen kehrt Haller nach Bern zurück und wird dort Rathausamtmann.
Ab 1759	Hypochondrie und Kränklichkeit nehmen zu und steigern sich bisweilen zu schweren Melancholien, so dass Haller

rasch altert. Dennoch entstehen in diesen Jahren seine riesigen Bibliographien zur Anatomie, Botanik, Chirurgie und praktischer Medizin.

1777   *12. Dezember:* Albrecht Haller stirbt in Bern.